KB182292

선택 받는
리더의 미디어 스피치

선택 받는
리더의 미디어 스피치

초판인쇄 2020년 2월 28일
초판발행 2020년 2월 28일

지은이 김진숙
펴낸이 채종준
기획·편집 유 나
디자인 서혜선
마케팅 문선영

펴낸곳 한국학술정보(주)
주 소 경기도 파주시 회동길 230(문발동)
전 화 031-908-3181(대표)
팩 스 031-908-3189
홈페이지 http://ebook.kstudy.com
E-mail 출판사업부 publish@kstudy.com
등 록 제일산-115호(2000. 6. 19)

ISBN 978-89-268-9849-9 13710

선택 받는

리더의 미디어 스피치

김진숙 지음

이담 Books

바야흐로 유튜버 전성시대이다. 누구나 미디어에 출연하고 스스로를 노출하는 시대가 왔다. 방송인이나 유명 인사뿐만 아니라 수많은 사람들이 자신을 적극적으로 드러내며 소통하는 시대이다. 입사시험에서는 면접비중이 높아지고 직장에서는 회의 때 침묵하면 과묵함이 아닌 무능함으로 비친다. 정치인도 공천 심사 위원 앞에서 말을 잘해야 낙점되는 세상이다.

인간의 능력은 체력(생존능력)과 지성(학습능력), 감성(소통 능력), 영성(사유능력)으로 설명할 수 있는데 이미 24시간 쉬지도 않고 일하는 로봇들이 체력에서 인간을 추월한 지 오래되었고 엄청난 학습능력을 자랑하는 인공지능은 알파고를 통해 증명되었다. 다만 인간의 감성과 영성은 아직 첨단기술로도 따라잡기에는 쉽지 않은 영역일 것이라 예측되고 있을 뿐이다.

전문가들은 4차 산업혁명 시대를 살아가는 이들이 꼭 갖추어야 할 능력으로 '공감지능'을 꼽는다. 미래에 등장할 인공지능마저 얼마나 사람에 공감하느냐로 성패가 갈릴 것이라는 전망도 나오고 있다. '공감'이라는 감정이 '지능'이라는 능력이 되려면 상대에 대한 이해와 예측은 물론 자신에 대한 냉철한 판단력도 필요하다. 그래야 상호간의 생각과 감정의 흐름을 읽을 수 있고 사회구성원들을 설득할 수 있다. '소통이 경쟁력'인 시대이다.

언젠가 대통령 취임 2주년 특별 대담을 놓고 논란이 일었다. 생방송 대담을 통해 국민들은 취임 2주년을 맞은 대통령의 국정운영과 철학을 기대했으나 정작 내용보다는 인터뷰를 진행했던 기자의 태도가 더 부각된 것이다. 정책 설명이나 중요한 발표, 미디어 환경에서의 커뮤니케이션도 마찬가지다. 내용이나 결과보다 어쩌면 '보여지는 것' 혹은 '느껴지는 것'이 중요할 수 있다. 메러비안의 법칙에서 강조했듯이 목소리나 표정, 태도 이런 요소들이 말하기의 93%를 차지할 만큼 중요하다고 하지 않았던가.

이제 국민 즉 대중들은 과거와는 달리 여러 외신이나 다양한 매체를 접하고 유튜브나 팟캐스트 등 미디어 환경에도 익숙하다. 때문에 높은 수준의 감각과 보는 눈이 있다. 이렇게 미디어 매체가 다양해지면서 누구나 대중 앞에 설 기회가 많아진 지금, 당신이 많은 사람들 앞에서 말해야 하는 주인공이 된다면 어떻게 해야 할까? 또한 방송출연부터 발표, 강연, 연설, 인사말, 토의, 보고, 프레젠테이션, 면접, 자기소개에 이르기까지 다양한 상황에서 공적인 말하기를 적절히 사용하려면 어떤 준비가 필요할까?

무엇보다 '공적인 말하기'란 화자와 청자가 공을 주고받듯 공감을 나누는 '상호작용'이라는 것을 기억해야 한다. 따라서 보다 효과적인 설명과 소통이 이뤄지기 위해서는 신뢰감을 주는 말하기 요소를 적극 활용해 대중의 공감을 이끌어내야 할 것이며 미디어의 특성에 맞춰 다양한 전달법을 익히는 것이 중요하다. 이러한 디테일(detail)이 갖춰졌을 때 훌륭한 커뮤니케이터(communicator)가 될 수 있을 것이다.

　끝으로 미디어커뮤니케이션 능력은 타고난 언변(言辯)에 있는 것이 아니라 후천적인 노력의 결과물이라고 말하고 싶다. 이 책을 읽고 숙지한 당신이라면 공적인 말하기 상황에서 성공적으로 미디어 스피치(Media Speech)를 수행할 수 있게 될 것이다.

2019년 12월 31일

김진숙

CONTENTS

CHAPTER 5
실수하지 않는 공적인 말하기

CHAPTER 6
공적인 말하기 클리닉

CHAPTER

01

말의 신뢰를
더하는 음성언어

안데르센의 동화 '인어공주'에서 인어는 인간의 다리를 얻기 위해 목소리를 포기한다. 이 동화가 비극적인 이유는 왕자와의 사랑이 이뤄지지 않아서가 아니다. 인어가 가볍게 포기 했던 '목소리'의 가치가 목숨을 바쳐야할 정도로 큰 대가였다는 사실에 주목하자.

목소리는 생김새와 표정 이상으로 중요한 이미지이다. 신뢰감을 주는 음성을 가진 사람은 타인의 관심과 호감을 이끌어낸다. 이런 목소리는 대부분 안정적인 공명음과 차분한 말투 그리고 키워드의 에너지를 가졌다는 특징이 있다.

여기서 공명음은 비강과 구강에서 종소리처럼 울리는 음성이어서 악기의 울림에 비유되 기도 한다. 이처럼 부드럽고 울림 있는 목소리는 귀에서 마음으로 신뢰감을 형성한다. 때 문에 청중은 발표나 설명에 더욱 집중하게 되며 결국 말하는 이에게 호감을 가지고 공감 하게 되는 것이다. 음성언어는 말하기의 기본이며 다수의 청중과 소통해야 하는 공적인 말하기에서 중요한 요소이다.

또 하나. 음성을 사용함에 있어서 가장 주의할 점은 단조로움을 피하는 것이다. 말의 완급 이나 강약, 고저, 장단, 쉼 등의 변화가 없으면 메시지 전달이 효과적일 수 없다. 평소 말 의 속도보다 약간 느리게 제어하고 특별히 강조할 부분에서는 말의 변화를 주면서 자기만 의 테크닉을 개발하는 것이 좋다.

호흡과 발성을 터득하라

호흡에는 두 가지 은총이 깃들어 있다. 공기를 들이 마시는 것과 내쉬는 것이다. 전자를 할 때에는 곤궁에 처지지만 후자로 해서 원기를 회복하게 된다. 그러니 생명이란 얼마나 신비롭게 얽혀져 있는 것인가.

– 괴테 Johann Wolfgang von Goethe (문학가, 철학자)

호흡이란 들숨과 날숨의 균형이다

평소 무의식적으로 이루어지는 자연스러운 호흡은 들숨과 날숨의 계산이 정확하게 맞아떨어진다. 때문에 우리는 안정적으로 숨을 쉴 수 있다. 하지만 긴장한 상황에서 말을 하면 숨이 차오르고 호흡이 어딘가 엉킨듯한 느낌이 들며 말이 빨라진다. 들숨이 10이면 날숨도 10이 되어야 하는데 들숨만 제대로 하고 날숨을 충분히 뱉지 못하면서 호흡의 균형이 깨지는 것이다.

숨을 들이마실 때는 코로, 내쉴 때는 입으로 말을 내뱉으며 하는 것이 좋다. 코로 공기가 들어오면 폐가 커져 부풀어 오르면서 횡격막을 밀어내 배가 빵빵해지는데 이것을 들숨이라고 하고, 날숨은 반대로 숨을 충분히 내뱉으면서 배가 다시 들어가는 것을 말한다. 이러한 들숨과 날숨을 호흡이라 말한다.

깊은 호흡을 통해 횡격막은 수축과 이완을 하게 되는데 이때 근육으로 이루어진 장기들도 같이 이동하는 활동을 하게 돼 신진대사가 원활해지는 것은 물론 근육도 유연해진다.

따라서 가슴으로 숨을 쉬는 흉식호흡 보다 배로 숨을 쉬는 복식호흡은 목, 가슴, 어깨 근육의 긴장을 풀어줄 수 있고 체내에 공급되는 산소 또한 훨씬 많아지게 한다.

소리는 목이 아닌 몸으로 내라

결론적으로 흉식호흡 보다는 복식호흡이 말하기에 훨씬 도움이 된다. 복식호흡의 안정감은 심적 부담을 덜어 준다. 공기 저장량이 많아져 호흡을 길게 내뱉기 때문에 말의 흐름을 끊지 않고 자연스럽게 이어 갈 수 있도록 해 준다.

지금은 유명 아나운서가 된 한 남학생 제자가 떠오른다. 아나운서 지망생들은 대부분 뉴스를 연습할 때마다 늘 짧은 호흡이 문제여서 안정감이 부족하고 오독이 많다. 복식호흡이 말처럼 잘 되지 않는 것이다. 이 남학생 역시 다른 지망생과 마찬가지로 처음에는 감을 잘 잡지 못했다. 머리로는 이론을 완벽하게 숙지하고 있었지만 몸이 따라가지 못하는, 즉 체득이 쉽기 않기 때문이다.

어느 날 이 남학생이 환한 표정으로 필자를 찾아왔다. "교수님! 저 복식호흡 드디어 완벽히 마스터했어요." 하면서 말이다.

사연인즉 이랬다. 이 남학생이 자주 다니는 버스 정류장 항상 같은 자리에서 늘 같은 말을 건네는 사람이 있었단다. 그날도 역시 같은 레퍼토리로 "조상님이 은덕을 많이 쌓으셨나 봐요. 인상이 참 좋으세요. 저랑 어디 좀 같이 가실래요?"라는 말에 호기심에 따라갔다고 한다.

무슨 기 수련원 같은 곳에 들어서자마자, 제일 먼저 호흡법을 가르쳤단다. 호흡법을 바꿔야 단전에 기가 쌓이고, 건강해질 수 있다며 3시간 넘게 복식호흡만 연습했다는 것이다.

이 남학생은 실제로 호흡이 굉장히 안정적으로 변해 차분한 말하기가 가능해졌다. 호흡이 도(道)와 통하는 지름길인지는 모르겠으나 말하기와는 직결된다고 볼 수 있다.

안정적인 복식호흡이 제대로 이뤄지지 못하면 다시 흉식호흡을 반복하게 되고 호흡이 급급하면 숨이 금방 차기 때문에 말도 따라서 빨라지게 된다. 여유 있는 말하기가 불가능해지는 것이다.

복식호흡은 30%가량 폐활량을 늘릴 수 있다. 손을 배 위에 얹어놓고 숨을 들이마실 때 배가 나오는 것을 느껴보자. 이 때 호흡은 배에 집중되어야 하며 가슴이 확장되거나 어깨가 들려서도 안된다. 가능한 천천히 숨을 들이마시는 게 좋으며 횡경막을 이용해 윗배의 움직임을 체크해보자.

호흡이 안정되었다면 이제는 호흡과 소리를 연결해보자. 배가 아닌 목에서 바로 올라오는 소리, 즉 목을 누르거나 가성에 의존하는 소리는 청중에게 거북함과 불암함을 줄 수 있다.

좋은 목소리란 선천적인 음색보다는 후천적인 발성훈련으로 다듬어진다. 내면적인 성장을 통해 느껴지는 신뢰감 있는 소리의 분위기와 전달력이 있어야 하는 것이다. 목소리는 본인의 노력 여하에 따라 얼마든지 개선될 수 있다. 명연주가들에 의해 오랜 세월 동안 잘 다듬어진 악기를 좋은 악기라 하는 것처럼 우리의 목소리도 같다.

마치 내가 소극장 연극무대에 서있다 생각하고 모든 객석의 관객에게 들리도록 묵직하고 분명한 목소리를 내보자. 모든 사람이 부러워하는 타고난 목소리는 아니더라도 내가 낼 수 있는 최상의 소리를 만드는 것은 훈련으로 충분히 가능하다. 내 목소리는 그 자체로 소중하니까.

Tip! Tip!

나만의 목소리 찾기

사람마다 목소리의 색깔은 제각각이다. 목소리의 색깔을 음색이라고 하는데 복식호흡은 타고난 음색을 바꾸는 것이 아니라 발성의 영역이다.

공적인 말하기에 있어서는 성우처럼 탁월하게 근사한 음색보다는 신뢰감 있는 목소리의 울림과 상황에 맞는 중저음 톤에 집중할 필요가 있다. 누구나 후천적인 발성훈련을 통해 공적인 말하기에 적합한 나만의 목소리를 찾을 수 있다.

글과 말을 구별하라

청년으로서 글을 읽는 것은 울타리 사이로 달을 바라보는 것과 같고, 중년
으로서 글을 읽는 것은 자기 집 뜰에서 달을 바라보는 것과 같으며, 노년에
글을 읽는 것은 발코니에서 달을 바라보는 것과 같다. 독서의 깊이가 체험
에 따라서 다르기 때문이다.

– 임어당 林語堂 (중국 작가, 문학평론가)

낭독은 스피치가 아니다

공적인 말하기에서 글(reading)과 말(speech)은 반드시 구별해서 사용해야 한
다. 우리가 일상생활에서 쓰는 말투는 구어체, 글에서 쓰는 말투는 문어체이
다. 모두가 알고 있는 상식이지만, 주의를 기울이지 않거나 잘 구별해서 쓰
지 않는 어투이기도 하다. 글과 말의 차이를 제대로 인지하지 못하고, 공적
인 말하기를 할 때에도 문어체를 구사하는 경우가 많기 때문이다.

유명 정치인이나 단체장, 리더의 연설을 듣다보면 작성된 원고를 보며 그대로 읽어 내려가는 경우가 많다. "존경하는 국민 여러분…"으로 시작되는 축사나 인사말, 발표가 대표적이다.

하지만 이는 말하기가 아니다. 준비된 원고를 읽기만 하면 쌍방향 소통이 되지 않는다. 이 문어체 원고를 구어체 말하기로 바꿔야만 청중과 제대로 된 소통을 이룰 수 있다. 본인에게 익숙한 고유의 말투 그대로 이야기해야 한다.

평소처럼 줄여서 말하라

축약이 그 대표적인 방법이다. 말을 줄여서 해야 한다. 예를 들어 본인의 이름을 말한다고 가정해 보자.

'김진숙'과 같이 맨 끝 글자에 받침이 있으면 그대로 써도 무방하지만, 받침이 없으면 축약해야 한다.

"김연아입니다"[김년아입니다] (문어체 표기식으로 발음하면 안 된다)
"김연압니다"[기며남니다] (이름을 축약해 구어체로 발음한다)

"안녕하십니까. 오늘 행사의 사회를 맡은 송준기입니다." (문어체 원고 낭독)

"안녕하십니까. 오늘 행사[에] 사회를 맡은 [송준김니다]." (구어체 말의 표현)

'되었습니다.'의 경우도 마찬가지다. 우리가 대화를 할 때는 "이제 됐거든!"이라고 말하지, "이제 되었거든!"이라고 하는 사람은 아무도 없다.

그런데 왜 발표를 할 때는 항상 '되었습니다.' '하였습니다'와 같이 표현하는 것일까. 이는 원고를 그대로 읽어 내려가다 보니, '내 것'으로 완전히 소화하지 못한 데서 오는 문제점이다. 때문에 원고에서 구어체로 바꿔야 할 부분을 체크 한 후에 쭉 읽어 보며 녹음해서 들어 보는 습관을 갖는 것이 중요하다.

단, 시(詩) 낭송이나 다른 사람의 글이나 편지를 대독하는 경우 글의 묘미, 문어체의 어감이나 아름다움을 그대로 전해야하기 때문에 구어체로 바꾸지 않고 그대로 읽는다.

쉼도 말하기에 포함된다

포즈(pause)란 의미를 분명히 하기 위한 '쉼'이다. 원고내용을 파악하면서 문맥에 따라 끊어읽기를 하는 것이지 자신의 호흡이나 컨디션에 따라 포즈를 두면 안된다.

'아버지가∨방에 들어간다.'와 '아버지∨가방에 들어간다.'처럼 '제가 잘∨못해서'와 '제가∨잘못해서'는 뜻이 다르다. '다∨쳤다.'와 '다쳤다'도 포즈 차이로 의미가 달라진다. 끊어 읽기 (포즈)에 따라 말의 뜻이 달라지는 사례를 구체적으로 알아본다.

　고속버스가 중앙선을 침범해 /(쉼)
　마주오던 승용차를 들이 받았습니다
　(고속버스가 중앙선을 침범했으니 고속버스의 잘못이다.)

　고속버스가 /(쉼)
　중앙선을 침범해 마주오던 승용차를 들이 받았습니다.
　(중앙선을 침범한 승용차의 잘못이다.)

이처럼 어디서 쉼을 두며 끊어 읽느냐에 따라 가해자와 피해자가 완전 뒤바뀔 수 있다.

말을 하다 잠시 멈추고 침묵을 유지하는 기법도 좋은 포즈 스킬이 될 수 있다. 중요한 내용을 말하기 전이나 말하고 난 후, 잠시 멈추고 청중과 시선을 맞춰 반응을 살피거나 질문을 하는 것이다. 이 스킬을 적절하게 활용할 경우, 청중의 주의력을 크게 높일 수 있다.

문어체로 할 말을 읽는 경우, 읽기에 급급하기 때문에 포즈의 사용이 불가능한 경우가 많다. 잠시라도 말을 멈추면 실수하는 것처럼 느껴져 쉼 없이 빡빡하게 말을 이어가게 된다. 하지만 말의 여유가 없으면 오히려 자신감이 없는 것처럼 들리고 효과적인 의미전달도 어려워진다.

강조하고자하는 키워드를 살리기 위해 의도적으로 포즈를 활용하기도 한다. 예상외의 포즈는 청중의 순간 집중력을 높이기 때문이다. 시상식에서의 수상자 발표가 그 대표적인 예이다.

"오늘의 대상은 ○○○입니다."
"오늘의 대상은 (3초 포즈) ○○○입니다."

멘트를 그냥 읊어내기 보다는 포즈를 주어 극적인 분위기를 연출하는 장면을 쉽게 볼 수 있다.

포즈를 이야기할 때면, 오바마 전 미국대통령의 애리조나 추모연설이 생각난다. 당시 미국은 애리조나주 총기난사 사건으로 희생자가 발생한 상황이었다.

추모연설을 하던 오바마 전 대통령은 끝내 연설 마지막 부분에서 말을 잇지 못했다. 유가족들의 슬픔을 그 어떤 말로 보듬을 수 있을까. '약 1분간의 긴 침묵'으로 대신했던 오바마 대통령의 연설은 그의 최고의 연설로 기억되고 있다. 당시 미국 유명 일간지 뉴욕타임즈는 이렇게 보도했다.

'오바마 대통령은 연설을 중단하고, 10초 후 오른쪽을 쳐다본 뒤 20초 후 심호흡을 했으며 30초 후에 눈을 깜빡이기 시작했다. 무려 51초간의 침묵이 흐른 뒤 그는 어금니를 깨물고는 다시 연설을 이어 갔다'

이 신문은 특히 대중연설에서 불필요한 감정을 노출하지 않는 성향의 오바마 대통령이 마지막 부분에 무려 51초간 침묵하며 자신을 추스르는 등 감정적인 모습을 보인 데 주목했다.

국민의 아픔을 가슴으로 공감하고 있는 대통령의 진심이 그 침묵 속에 고스란히 전해졌고 추모객들은 그에게 열렬한 박수를 보냈다. 감정적인 소통은 때로는 백 마디의 말 보다 '쉼'을 통해서도 전달될 수 있다.

흔히들 무대 위에 서면 공백을 견디지 못한다. 그러나 이러한 포즈에 대한 강박은 발표나 연설이 길어질수록 속도가 점점 빨라지는 현상으로 이어진다. 이는 말하는 이의 긴장감과 불안을 들키는 대표적인 요소이다. 쉼도 명백한 말하기에 포함된다. 공백을 허용하며, 안정적 리듬 안에서 말의 속도를 운용할 줄 알아야한다.

강약이 있어야 말이다

문어체 낭독의 단점은 어조의 사용에서도 두드러진다. 글을 읽기에 그치기 때문에, 마치 국어 시간에 문학 작품을 읽어 내려가듯 단조로운 어조가 처음부터 끝까지 이어지기 십상이다. 밋밋하고 단조로운 어조는 청중의 집중력을 방해하는 요소로 작용한다. 그러므로 어조에 변화를 주고 악센트로 강약을 조절하는 완급 조절을 통해 집중력을 높여야 한다. 이 역시 구어체를 활용할 때만 가능한 방법이다.

"단언컨대 메탈은 가장 완벽한 물질입니다"

- 단언컨대 (톤을 낮춰 주목시킨다)

- 메탈은 (톤을 높여 키워드를 강조한다)

- 가장 ('가~장'으로 약간 늘이며 감정을 전달한다)

- 완벽한 (성량을 크게 강조한다)

- 물질입니다 (약하게 들리게 속도를 조절한다)

위의 한 휴대폰 광고 문구가 화제가 됐던 적이 있다. 다양한 패러디가 속출할 만큼 이 문구가 주목을 받았던 이유는 무엇이었을까. 이병헌 특유의 중후한 음성도 한 몫을 했겠지만, 신뢰감을 극대화하기 위해 동원된 정교한 표현 기법들이 유난히 돋보였던 대사였다. 광고의 색을 결정하는 핵심 대사였던 만큼 속도, 높낮이, 속도, 포즈 등의 표현 기법들이 그의 음성으로 정교하게 표현돼 있었다.

세부적으로 분석해 보자면, '가장 완벽한 물질'이라는 키워드는 천천히 짚어낸 반면 '입니다'라는 어미는 상대적으로 빠르게 읽음으로써 문장의 리듬감을 살려냈다. 여기에 높낮이 변화를 통한 강조도 빼놓지 않았다. 자칫 단조롭게 들릴 수 있는 문장에 멜로디를 부여해 낸 것을 확인할 수 있다. 이처럼 적절한 표현 기법은 평범한 문장에 생명력을 불어넣는다.

음악에서도 강약의 변화는 가장 중요한 요소이다. 쇼팽 국제 피아노 콩쿠르에서 전 세계가 놀랄만한 기량을 보여줬던 피아니스트 조성진의 연주를 떠올려보면 말하기의 지향점이 보인다. 섬세한 강약 조절, 정확한 타건, 절묘한 리듬감 등이 완벽히 조화를 이룬 가운데 자신감을 한껏 불어넣은 감성 표현이 더해지니 관객 흡입력이 높을 수밖에 없다.

구어체는 살아있는 말하기다. 말하는 사람 고유의 리듬과 멜로디가 살아 있어야 '낭독'을 넘어선 '말하기'라 할 수 있다. 한국어는 고저장단(高低長短)을 잘 살려서 말하면 결코 딱딱하게 들리지 않는다. 무대에 서기에 앞서 축약, 키워드, 속도, 포즈, 높낮이 등을 정교하게 표현하기 위한 계산의 시간이 반드시 필요한 이유다.

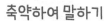

축약하여 말하기

작성된 원고를 그대로 읽는 공적인 말하기는 청중과 소통하기 어렵다. 평소와 같은 '자연스러운 어투'가 아니라 '형식적인 읽기'에 가깝기 때문이다.

원고는 문어체로 작성해도 무방하나 문어체 원고를 말로 표현할 때는 반드시 축약하여 구어체로 바꿔야 한다. 특히 '하여'는 '해'로, '되어'는 '돼'로 축약하고 받침이 없는 종결처리 역시 축약해서 말하는 것이 좋다.

"순조롭게 추진<u>되었</u>습니다." [추진됐습니다]

"이렇게 결정<u>하였</u>습니다." [결정했습니다]

"뉴스입니다." [뉴습니다 / 뉴슴니다]

"다음 <u>순서</u>입니다." [순섭니다 / 순섬니다]

"〜에 대한 <u>발표</u>입니다." [발푭니다 / 발픔니다]

특히 구어체 표현법에서는 소속이나 소유격의 '의' 발음도 '에'로 표현한다.

민주주의<u>의</u> 가치 (문어체 표기)

민주주이<u>에</u> 가치 (구어체 발음)

표준발음법,
알면 오독하지 않는다

한 나라가 잘 되고 못 되는 열쇠는 그 나라의 국어를 얼마나 사랑하느냐에 있다.
말과 글이 거칠면 그 나라 사람의 뜻과 일이 다 거칠어지고 말과 글이 다스
려지면 그 나라 사람의 뜻과 일도 다스려지느니라.

– 주시경 (국어학자)

출신 지역이나 세대에 따라 같은 말이라도 조금씩 다르게 발음하는 경우
를 흔히 접할 수 있다. 누군가는 '의사'를 [으사]로 발음하고, [이사]라 하기도
한다. '빛이 환하다.'라는 말을 [비시 환하다]라고 잘못 발음하는 경우도 있다 .
이러한 혼란을 막기 위해 제정된 표준발음법은 표준어의 공식적(公式的)
인 발음이다. 표준 발음법의 원칙은 '표준어의 실제 발음을 따르되, 국어의
전통성과 합리성을 고려하여 정함을 원칙으로 한다.'라고 되어있다.

표준발음은 편하게 발음하기 위한 법칙이다

　명확한 정보 전달과 의사소통을 목적으로 하는 공적인 말하기에서 표준발음에 대한 정확한 인지는 필수적이다. 공적인 말하기에서 두드러지는 발음 실수 중 하나가 연음법칙이다. 연음법칙이란 앞 음절의 받침에 모음으로 시작되는 형태가 이어지면 앞의 받침이 뒤 음절의 첫 소리로 발음되는 음운법칙을 말한다. 글에서 말로 표현할 때 자주 활용 가능한 발음법인데 딱딱한 한국어 발음을 매끄럽고 유려하게 표현할 수 있다.

　　　월요일 [워료일]
　　　금융 [그뮹]
　　　완연한 [와녀한]

　받침을 그대로 살려 발음하지 않고 다음 음절로 넘겨 발음하는 것이 편하다. 하지만 사투리 발음에서는 습관적으로 단어의 개별음가를 그대로 살려 발음하는 경우가 많은데 이는 한국어 발음의 유연함을 살리지 못하는 것이다.

　　　참여 [차며]
　　　감염 [가몀]

활약 [화략]

보통 오독이 많아 버벅 거리는 경우는 받침이 연달아 있어 발음이 어려운 경우가 많다. 그럴 때는 위 단어처럼 음가를 그대로 발음하지 말고 연음시켜 발음하면 훨씬 편하다.

윤석열 검찰총장 후보자에 대해 오락가락 말들이 많았다. 후보자 자질 검증에 대한 의견이 아니라 이름을 도대체 어떻게 발음해야 하냐는 거다. 어떤 사람은 [윤성녈], 또 어떤 사람은 [윤서결]로 방송사마다 제각각 발음이 달랐다.

국립국어원에서 밝힌 정답은 [윤서결]이다. 연음법칙을 적용해야 하기 때문이다. 그렇다면 이낙연 총리의 이름은 어떻게 발음할까? [이나견]으로 말하고 김연아는 [기며나], 손연재는 [소년재]로 발음하는데 아무도 이견이 없다. 그런데 왜 윤석열만 [윤성녈], [윤성열]이라는 두 개의 다른 발음으로 불려지며 헷갈리는 것일까. '열'과 '렬'을 구분하기 애매하기 때문이다.

학창시절 국어시간에 배웠던 기억을 소환해보자. 자음동화라는 발음 법칙이 떠오르는가. [직렬-직녈-징녈]이 되는 것처럼 발음의 편의성을 위해 'ㄴ'

이 첨가가 되면서 [석렬-석녈-성녈]로 발음되는 것을 자음동화라 한다.

'ㄴ'음 첨가는 '표준 발음법' 제29항에 따라서 복합어에서 일어나는 음운 현상인데, 솜이불[솜니불], 꽃잎[꼰닙], 담요[담뇨] 등이 있다. 그런데 문제는 'ㄴ'음 첨가는 복합어(합성어, 파생어)에서 일어나기 때문에 [윤서결]이 맞다는 것이다.

하지만 반전이 있다. 일부 언론 보도를 보면, 윤 후보자가 어릴 때부터 집에서 [성녈]로 불려왔고 친구들도 [성녈]로 부르기 때문에 지금까지 불러온 대로 불러달라는 것이다. 대략난감한 상황이지만 연음법칙과 자음동화에 대한 명쾌한 사례로 좋은 이름이다.

다음의 예를 통해 좀 더 쉽게 감을 잡을 수 있을 것이다.

　"나는 빛이 있다."
　"나는 빛이 있다."
　"나는 빗이 있다."

한번 생각해 보자. 밑줄 친 단어를 어떻게 발음할 것인가? [비시]?

만약 모두 [비시]라고 발음한다면 세 문장의 의미를 구분하는 것이 불가능해진다. 이런 경우 연음법칙을 적용해 앞 음절의 받침을 뒤 음절 첫소리로 그대로 옮겨 발음해야 한다. [비지], [비치], [비시]라고 발음해야 옳다.

발음을 매끄럽고 쉽게 하기 위해, 또는 발음하는 노력을 절약하기 위해 소리 변화를 일으키는 현상을 활음조(滑音調)라고 한다. 아래와 같이 활음조에는 주로 'ㄹ'음이 많이 사용된다.

희노(喜怒) → 희로
허낙(許諾) → 허락
한나산(漢拏山) → 한라산
곤난(困難) → 곤란
한아버지 → 할아버지

또한 발음을 쉽게 하기 위해 받침을 생략하기도 하는데 '육월(六月)'은 [유월]로, '십월(十月)'은 [시월]로, '초팔일(初八日)'은 [초파일]로 발음한다.

불필요한 경음 격음을 지양하라

학자들은 임진왜란이 우리말에 많은 변화를 초래했다고 하는데 그 중 하나가 경음화와 격음화 같은 강음화 현상이다. '갈'이 '칼'로, '고'가 '코'로, '곶(꽃)'이 '꽃'으로 바뀌었고, '것거'가 '꺾어'로, '불휘'가 '뿌리'로 경음화했다는 것이다. 순한 발음을 거센소리나 된소리로 바꾼 전쟁의 후유증이란 해석이다. 따라서 불필요한 경음이나 격음의 사용은 자제해야 한다.

쏘주 → 소주

뽁음밥 → 복음밥

꼬추장 → 고추장

쎄련됐다 → 세련됐다

위 세 단어처럼 말의 재미를 위해 또는 강조를 위해 경음화, 격음화 하는 사례는 부드럽게 순화해서 발음하면 좋겠다. 하지만 오히려 경음과 격음을 사용해야 의미전달이 분명해지는 단어도 있으니 정확히 구별해 구사하도록 하자.

반면에 '나를 버리고 가시는 님은 십 리도 못가서 발병 난다.'에서 '발병'은 [발뼝]으로 발음해야 한다. '발병'은 '발에 생기는 병'을 뜻하는 말인데,

'발'과 '병'의 합성어이기 때문에 뒤에 오는 단어인 '병'을 된소리로 발음하는 것이다. 하지만 '병이 발생함'을 뜻하는 명사형인 '발병(發病)'은 합성어가 아니기 때문에 [발병]으로 발음한다.

'잠을 자는 곳'을 뜻하는 '잠자리'도 '잠'과 '자리'의 합성어이기 때문에 [잠짜리]라고 발음하고 날아다니는 곤충을 뜻하는 '잠자리'는 합성어가 아니기 때문에 [잠자리]로 발음한다. 문고리[문꼬리], 눈동자[눈똥자] 신바람[신빠람]은 합성어이기 때문에 경음화한다.

앞서 밝힌 '쏘주(소주)'처럼 말의 재미와 맛을 살리기 위해 모두가 마치 상의하고 결정한 듯 잘못 발음하는 사례가 있는데 그 중 하나가 폭발(爆發)의 발음이다. 표준 발음은 물론 [폭빨]이다. 하지만 [폭빨]보다는 [폭팔]이 더 실감나는 발음인 것처럼 들리기 때문에 '의미' 전달보다는 '감정' 전달에 중점을 둔 것이다.

아무리 '자장면'이 예로부터 표준어라고 해도 (2011년 짜장면도 복수표준어로 인정) 한국인은 꼭 '짜장면'을 시켜먹어야 그 맛이 난다. 또 '세다'를 '쎄다'로, '사납다'를 '싸납다'로, '자르다'를 '짜르다'로, '줄이다'를 '쫄이다'로 발음해야 직성이 풀린다.

단, 감정전달도 과하면 탈이 나고 과격한 발음도 자주 사용하다보면 듣는
이가 피로감을 느낄 수 있으니 적절히 사용하도록 하자.

공적인 말하기를 앞두고 발음의 구별이 쉽지 않은 경우 인터넷 국어사전
에서 반드시 정확한 표준발음을 확인하고 임하는 것이 바람직하다. 특히 사
투리 발음이 익숙한 경우 의외로 잘못 알고 발음하는 우리말 표현이 많을
수 있다.

인터넷 용어에서 파생된 지나친 줄임말이나 신조어, 일본어의 잔재나 외
래어 사용도 공적인 자리에서는 지양해야 한다. 신조어는 언어를 풍성하게
하는 순기능을 하기도 하지만 알아듣기 어려운 축약어나 은어, 비어, 속어,
외래어 등의 무분별한 합성으로 한글 체계를 파괴하는 역기능도 있다. 이로
인해 세대 간 의사소통의 장애 및 단절, 가치관의 차이를 만들어내고 있기
때문에 주의를 기울여야 한다. (제 5장 공적인 말하기 유의사항 참고. 226p)

고쳐 사용할 일본어 잔재

'겉만 그럴듯하고 실속이 없음'을 비유적으로 이르는 표현 중에 '앙꼬 없는 찐빵'이 있다. 하지만 '앙꼬'는 일본어에서 온 말이다. '앙꼬' 대신 쓸 수 있는 우리말은 '팥소' 정도다. '소'는 송편이나 만두를 만들 때 속에 넣는 여러 가지 재료를 말한다.

일본어인 오타쿠(御宅)를 한국식 발음으로 바꿔 부르는 줄임말로 '덕후'를 사용하기도 하는데 '덕질', '입덕'이라는 파생어까지 생겨나고 있다. 초기에는 집 안에만 틀어박혀서 취미 생활을 하는 사회성 부족한 사람이라는 의미로 사용되었지만 현재는 어떤 분야에 몰두해 전문가 이상의 열정과 흥미를 가지고 있는 사람이라는 긍정적인 의미로 사용되기도 한다.

'팥소 없는 찐빵?', '저 사람 ○○광이야, ○○능력자야' 좀 낯설고 재미없게 들리기도 하지만 공적인 말하기에서는 일본어식 표현을 순화해서 사용하도록 하자.

일본식 표현	한국어 순화 표현	일본식 표현	한국어 순화 표현
다대기	다진 양념	간지	멋
오뎅	어묵	쇼부	승부
닭도리탕	닭볶음탕	시말서	경위서
잔반	남은 음식	노가다	노동
지리	맑은 탕	땡강	투정
곤색	청색	기스	상처
호치케스	스테이플러	땡땡이 무늬	물방울무늬
식대	밥값	애매하다	모호하다
고참	선임자	망년회	송년회
구라	거짓말	무대뽀	막무가내

장단음을 사용하면 더 정확해진다

'위대한 나'는 모든 것을 삶의 리듬 속에서 연결하는 사람이다. 합리적 욕구와 욕망, 재능, 에너지와 열정을 자연스런 리듬으로 추구하는 사람이다.

— 매튜 켈리 Matthew Kelly '위대한 나' 중에서

한국어에는 소리의 길이 즉 장음과 단음에 따라 뜻이 달라지는 말들이 있다. 하늘에서 내리는 '눈[눈:]'과 얼굴에 있는 '눈[눈]', 먹는 '밤[밤:]'과 한낮의 반대인 '밤[밤]'을 비롯해 몸 부분의 '배[배]', 열매인 '배[배]' 어떤 양을 두 번 합한 수인 '배[배:]' 등이 장단음으로 뜻이 구별할 수 있는 말이다.

어려운 이름 어떻게 발음할까

공적인 말하기에서 오독하기 쉬운 단어 중 하나는 사람의 이름이다. 한자

(漢字)어로 이뤄진 이름이 많은데다 성(姓)과 부딪히는 발음이나 어려운 받침 발음, 이중모음, 원순모음이 연달아 있을 경우 발음이 부정확해 지는 경우도 있기 때문이다. 이름을 호명하는 일이 많은 시상식이나 기념식 행사에서 사람의 이름을 잘못 발음할 경우 큰 실수가 되기도 한다. 이름의 성씨에도 장단음이 있어 같은 한글 성씨라도 소리의 길이가 다른 경우가 있으니 주의를 기울이도록 하자.

먼저 이(李)씨는 길게 [이:]로 발음하면 이름과 합쳐 불렀을 때 발음이 좀 더 분명해진다. 예시로 '이승만 전 대통령과 이명박 전 대통령'은 [이:승만 전 대:통령과 이:명박 전 대:통령]으로 장음을 활용하여 말하면 전달력이 더욱 높아진다.

정(鄭)씨는 길게 [정:]으로 발음하지만 정(丁)씨는 짧게 [정]으로 발음한다. 그래서 정의화(鄭義和) 전 국회의장의 이름은 [정:이화]로 발음하고 정세균(丁世均) 전 국회의장의 이름은 [정세균]으로 발음한다.

조씨 성도 한자에 따라 소리의 길이가 다르다. 조(趙)씨는 장음으로 발음하지만 조(曺)씨는 단음으로 발음한다. 임씨의 경우도 임(林)씨와 임(任)씨의 소리 길이가 다르다. 임(林)씨는 짧게 발음하고 임(任)씨는 길게 발음한다. 이 외에 길게 장음으로 발음하는 성씨로 송(宋)씨, 심(沈)씨, 채(蔡)씨, 공(孔)씨,

변(卞)씨, 신(愼)씨, 마(馬)씨, 맹(孟)씨 등이 있다.

성씨는 개인 고유의 칭호인 만큼 성씨마다 소리 길이를 정확히 구분해 발음하면 좋겠다. 일생동안 공적인 말하기에서 가장 많이 사용하는 표현이라면 '안녕하십니까. ○○○(이름)입니다' 가 아닐까. 첫 인상을 좌우하고 첫 음성의 기준이 되는 이 표현을 제대로 자신 있게 하는 것이야말로 스피치의 시동을 거는 작업이기에 상당히 중요하다.

장음을 지키면 말이 유려해진다

한국어에서 단어의 뜻에 따라 장단음이 구별되어 있다고 해서 어려워할 필요는 없다. 장음은 연달아 발음하지는 않으며 장음 낱말은 첫음절에서만 지키면 되기 때문에 국어사전을 찾는 노력을 조금만 기울이면 실천할 수 있다.

특히 연설문을 낭독할 때 자꾸 오독이 생기고 버벅거린다면 장음 단어를 찾아 표시하고 장음을 지켜보자. 오독이 사라진다. 발음의 길이는 단음에 비해 조금만 길게 하면 된다. 살짝 길게만 발음해도 상큼하고 정확하게 들린다.

모음에서 주의할 점은 '오'와 '우'의 발음을 명료하게 하는 것이다. 입술을 동그랗게 벌려 소리낸다. 또한 '애'와 '에'를 구별해 발음하려는 노력도 필요하다. '애'가 '에'보다 입 벌림 정도가 크다. 조사 '의'의 발음을 방송인들은 [에]로 한다. 표준발음법은 [의]와 [에]를 둘다 허용하는데 공적인 말하기 에서는 [에]로 발음하는 것이 좋다.

음성언어로 표현했을 때 헷갈리기 쉬운 발음은 국립국어원의 표준발음법을 찾거나 사전을 찾아 궁금증을 해소하면 된다. 이렇게 표준 어법을 지키면 공적인 말하기가 매끄러워지고 스피치 품격도 올라갈 것이다.

Tip! Tip!

장단음에 따라 뜻이 달라지는 단어

가:장(假葬) / 가장(家長)

강:도(强盜) / 강도(强度)

부:자(富者) / 부자(父子)

성:인(聖人) / 성인(成人)

전:기(電氣) / 전기(前期)

경:기(競技) / 경기(景氣)

말:(言語) / 말(馬)

사:과(謝過) / 사과(沙果)

없:다(無) / 업다, 엎다

정:상(正常) / 정상(頂上)

눈:(雪) / 눈(眼)

병:(病) / 병(甁)

상:품(上品) / 상품(商品)

연:기(演技) / 연기(煙氣)

향:수(鄕愁) / 향수(香水)

목소리도 관리가 필요하다

> 행동은 말보다 목소리가 크다. 남에게 칭찬받는 것은 좋지만 스스로 자신
> 을 칭찬하지는 말자. 훌륭한 인물이 아랫사람의 말을 듣고 노인이 젊은 사
> 람의 말에 귀 기울이는 사회는 축복을 받을 것이다.
>
> – 탈무드 Talmud 중에서

상대방의 목소리를 들으면 대충 모습이 그려진다. 상대가 보이지 않는 전화상으로도 상대방의 기분과 건강, 컨디션 등을 엿볼 수 있다. 누워서 전화하는 사람, 뭔가 들떠있는 사람, 우울한 사람을 구별해낼 수 있지 않은가.

평소 사람들과 대화할 때는 '이 정도면 괜찮은 목소리'라고 생각했는데 우연히 녹음된 자신의 목소리를 들으면 마치 다른 사람의 음성을 듣는 것같이 어색하다. 적당한 톤을 유지했다고 생각했던 내 목소리가 녹음기를 통

해서는 생각보다 얇고 가볍게 들려 내가 아니라고 부정하고 싶어진다.

소리 반 공기 반? 목소리는 울림에 따라 다르다

왜 말할 때 듣는 내 목소리와 녹음기를 통해 듣는 내 목소리는 다르게 들리는 걸까? 녹음된 목소리도 내 목소리인데 왜 이렇게 생소한 걸까? 혹시 다른 사람들이 듣는 내 목소리도 녹음된 내 목소리와 비슷한 걸까?

사람들은 녹음한 본인의 목소리를 처음 들으면 당황한다. 평소에 알고 있던 자신의 목소리와 다르기 때문이다. 대체로 녹음된 목소리보다 본인이 평소 듣는 목소리가 좋다고 생각하기 때문에 '내가 생각하는 내 목소리'가 상대방에게 들리길 바라지만 아쉽게도 그렇지 않다. 다른 사람들이 듣는 소리는 녹음기를 통해 듣는 내 목소리에 가깝다.

우리의 목소리는 다른 소리와 마찬가지로 파동의 형태를 띠고 있다. 목소리는 폐에서 나온 공기가 목 앞쪽의 튀어나온 부위에 해당하는 후두 안의 성대를 통과하면서 발생한다. 내가 낸 음성은 공기 중 진동 형태로 퍼지면서 상대방에게 전달돼 고막을 울리고 뇌로 신호를 보내 소리를 듣게 한다. 반면에 내가 알고 있는 내 목소리는 성대에서 울린 소리가 뼈와 근육을 통해 내 몸의 내이로 전달되기 때문에 훨씬 더 울림이 있고 안정감이 느껴진다.

우리가 소리를 낼 때는 입과 여러 장기 등 여러 부분이 함께 울리기 때문에 본인의 목소리 중 저음부가 강조되어 들린다. 하지만 입술을 통해 밖으로 퍼져나간 성대의 진동을 통해 만들어진 소리를 듣는 상대방은 중음과 고음 위주로 듣게 된다.

같은 성별이고 비슷한 주파수를 지녔다고 해서 목소리가 같지는 않다. 사람에 따라 비강, 구강, 인두 등의 모양이 미묘하게 달라 같은 음이라도 소리의 파형에 차이가 난다. 그래서 사람마다 목소리가 다 다르게 느껴진다. 아무리 성대모사를 잘 따라 하는 사람이라 할지라도 목소리의 후천적인 부분이나 음성의 특징을 흉내 낼 뿐 선천적인 부분까지 따라 할 수 없다. 즉, 사람들의 목소리는 각자 고유의 특징을 지니고 있어 개인 식별이 가능하다.

좋은 목소리는 훌륭한 연주가에 의해 오랫동안 잘 길들여진 명품 바이올린과 같다. 사람의 성대가 바이올린의 현이라면 우리의 몸 상태와 발성법은 바이올린의 본체에 의해 좌우된다고 볼 수 있다. 즉, 공명감이 관건인 것으로 몸의 울림, 발성기관의 울림이 있어야 한다.

무시할 수 없는 성대결절

목을 무리해서 사용하거나 잘못된 발성이 습관으로 굳어 성대결절이 오기도 하는데 이를 우습게 보면 안 된다. 초기에 반드시 치료하고 꼼꼼하게 사후관리를 해야 오랫동안 건강한 목소리를 유지할 수 있다.

성대결절이 생기는 원인은 반복적으로 강하게 대립되는 점막의 움직임과 강한 호기압에 의하여 발생한다. 이러한 성대 남용과 오용은 성대의 기능 장애에 가장 큰 원인이 된다. 계속 말하는 것, 과다하게 웃거나 우는 것, 강한 배경소음이 있는 장소에서 큰 소리로 말하는 것, 고함이나 소리를 지르는 것 등 이런 모든 것들이 후두 기능에 해가 된다. 또 권위적인 낮은 음으로 목을 누르며 지속적으로 말하는 것, 흡연이나 음주와 같이 후두의 무리한 사용 등도 성대결절의 원인이 된다.

성대 관리를 위해서는 과도한 목소리 사용을 자제하며 천천히 편안한 톤으로 말하고 미지근한 물을 자주 마시는 것이 좋다. 또한 기름진 음식 및 카페인이 많은 차나 커피, 탄산음료 등은 성대 건강에 해로우니 피하는 것이 좋다.

평소 목소리 관리가 필요한 직업이나 위치에 있는 경우, 중요한 발표나 진행을 맡은 경우는 목에 좋은 식품으로 컨디션을 관리하는 것도 효과가 있다. 대추와 도라지를 함께 끓인 차나 배, 유자차, 오미자차 등이 좋다.

또 목을 편하게 이완시키는 연습을 틈틈이 하면 좋다. 숨을 한 번에 내쉬지 말고 들숨 상태에서 스톱을 3초간 유지했다가 여러 번 나눠서 천천히 내뱉는다. 그 다음 상체를 바로 세우고 정면을 바라보면서 허밍하듯 '음~' 소리를 내며 몸의 울림을 느끼도록 훈련하면 된다.

목소리 관리법

1. 금연과 금주
지나친 음주와 흡연은 목소리를 잠기게 한다.

2. 충분한 수분 섭취
물 자주 마시기, 침 넘김 자주 하기.

3. 지나친 카페인 섭취 삼가
카페인은 목을 건조하게 만든다.

4. 음성 오용 및 남용 금지
큰 소리로 장시간 떠들거나 지나친 감정이입, 운동 중 소리 지르기 등을 삼가야 한다.

5. 헛기침 하는 습관 삼가
성대에 상처를 입히거나 건조하게 만드는 요인이다.

6. 복식호흡 꾸준히 하기
호흡의 여유가 생겨 목에 무리를 주지 않게 된다.

MEDIA SPEECH MAKING

CHAPTER

02

가장 효과적인 표현
시각언어

이미지의 사전적 의미는 마음속에 그려지는 사물의 감각적 영상 또는 심상이라 한다. 개개인이 가지고 있는 자질과 마인드뿐만 아니라 외적으로 비춰지는 모습까지 포함하는 것이다. 제품이나 기업은 이런 이미지를 향상시키기 위한 방법으로 이미지 브랜딩 작업이 이루어지고 있다. 또한 그것으로 인한 상품의 가치 향상으로 직접적인 수익을 내기도 한다.

인터넷과 미디어를 통하여 많은 정보가 빠르게 확산되면서 개인이 가진 자질과 마인드 등을 어떻게 표현해 내는가가 이 시대의 키워드가 된 것이다. 그러므로 최근에는 개인도 브랜드를 관리해야만 자신이 지닌 가치를 상승, 발전시켜 치열한 경쟁사회에서 살아남으며 최고의 가치를 누릴 수 있다. 하지만 그 전에 자신을 다른 사람들에게 호감이 가는 사람으로 인식시켜야 한다.

한 사람에 대한 인상은 한 가지만으로 결정되지 않는다. 미국의 심리학자 메러비안 교수는 상대방에 대한 인상을 결정짓는 요인을 시각적 요소와 음성적 요소, 언어적 요소로 구분했다. 시각적 요소(이미지, 보디랭귀지 등 비언어적 측면)가 55%, 음성적 요소(목소리, 억양, 음색, 음조, 속도, 감탄사 등)가 38%, 대화 내용이 7%라는 것이다. 결론적으로 시각적 이미지가 말의 내용보다 훨씬 중요하다는 것이 커뮤니케이션 이론인 '메러비안의 법칙'이다.

그렇다면 나의 말을 돋보이게 하는 시각적인 언어가 따로 있을까? 표정, 자세, 스타일, 제스처, 시선 처리 등을 신경을 써서 교정하면 전혀 다른 말하기의 주인공이 될 수 있다. 하지만 억지로 연출한 티를 내면 오히려 역효과다. 작위적인 느낌을 좋아하는 사람은 없기 때문이다. 그러려면 몸에 밴 습관이 되도록 체득하는 과정이 필요하다.

특히 공적인 말하기는 상황에 맞는 매너와 어법, 신뢰감을 주는 요소들을 활용해 자연스럽게 자신의 것으로 녹여내는 연출이 필요하다. 그래야 청중의 공감을 보다 효과적으로 끌어낼 수 있다. 자연스러운 몸짓이나 태도를 유지하며 의상이나 표정 하나에도 세심한 주의를 기울여보자.

좋은 인상이 좋은 발음을 만든다

> 성질이 조급하고 마음이 거친 사람은 한 가지 일도 이루지 못하고 마음이
> 화목하고 기운이 평온한 사람에게는 백 가지 복이 저절로 모여든다.
> (性燥心粗者 一事無成, 心和氣平者 百福自集)
>
> － 채근담 菜根譚 중에서

심리학 중에는 제임스 · 랑게 이론(James-Lange Theory)이 있다. 흔히 슬프니까 울고 기쁘니까 웃는다고 생각하지만 이 이론에 따르면 우니까 슬프고 웃으니까 기쁘다는 논리로 신체적 변화의 지각이 정서의 주관적 경험을 결정한다는 것이다. 즉 얼굴 표정이 정서의 주관적 경험을 결정하므로 자주 거울 앞에서 웃는 연습을 하고 의식적으로 미소를 띠고 다니다보면 기분이 좋아진다는 설명이다.

몇 년 전 일부 학부모들 사이에서 아이의 영어 발음을 좋게 한다며 설소대 제거술이 유행해 충격을 줬다. 당시 언론보도를 통해 혀 길이와 영어 발음은 크게 상관이 없는 것으로 밝혀졌지만 여전히 '버터'를 '버러'로 잘 굴려 발음하고 싶어 한다. 발음이 좋아야 영어를 잘 하는 것처럼 보이기 때문이다.

입 주변 근육을 자주, 크게 움직여라

이처럼 '발음' 하면 가장 먼저 떠오르는 구강 구조는 '혀'이다. 선천적으로 혀가 짧아 발음이 안 좋을 수는 있다. 그러나 혀에게 모든 탓을 돌려서는 안 된다. 혀가 원활하게 제 기능을 다하기 위해서는, 혀가 움직일 수 있도록 다른 조음기관의 도움이 필요하다. 조음기관이란 입술, 이, 잇몸, 입천장, 혀 등 음을 만들어 내는 발음기관을 말한다. 따라서 말이 나올 수 있도록 입술이 벌어지고, 치아가 열려야 하며 턱 근육도 써야 한다.

특히 한국어의 경우 이중모음과 받침 등 어려운 발음이 많기 때문에 입술과 턱을 움직이지 않고 우물우물하는 습관이 있으면 말의 속도까지 빨라져 청중이 알아들을 수 없다.

우리가 발음을 정확하게 내기 위해서는 매우 다양한 기관의 협업이 필요하다. 따라서 조음기관을 사용하다 보면 얼굴 근육에 영향을 주고 앞 광대가 움직이면서 표정이 다양해지고 자연스럽게 변한다. 반대로, 발음이 좋지 못한 경우를 살펴보면 대부분 얼굴 근육을 거의 쓰지 않기에 무표정인 경우가 많다. 그래서 무표정이 지속되거나 밝지 않은 표정을 오래 유지하면 '울상'이 된다.

발음은, 우리가 스트레칭을 하고 근육을 키우기 위해 운동을 하듯 얼굴의 근육을 꾸준히 이용해야 하는 일이다. 잘 웃는 사람, 적극적인 입 모양을 가진 사람들은 얼굴 근육을 많이 사용하기 때문에 자주 쓰는 근육이 자리를 잡아 상대방에게 좋은 이미지를 주는 '웃상'이 될 수 있다.

발음이 명료해지려면 어떻게 해야 할까? 사실 발음이 불명확한 이유는 각양각색이며, 그만큼 발음에 대한 해법도 여러 가지다.

먼저, 속도가 빨라 발음이 뭉개지는 경우다. 여러 사람 앞에서 유독 빠르게 휘몰아치며 말하게 되는 이유는 두 가지다. 극도의 긴장감으로 인해 심박수가 빨라졌거나, 호흡 자체가 짧기 때문이다. 따라서 이런 경우는, 말을 시작하기 전에 충분히 호흡을 가다듬는 것이 중요하다. 성급하게 말을 시작하는 것은 금물이다. 또한 말을 하는 중에도 틈틈이 포즈(pause)를 주며 여유 있게 이야기를 풀어나가야 한다. 포즈는 점점 빨라지는 현상을 방지해 주고, 더불어 심리적 안정감에도 도움을 준다. 포즈의 위치는 주로 주어 뒤, 키워 드 앞, 숫자 앞, 까다로운 발음 앞이 적당하다. 끊어 말하기(/), 짧음 쉼(v) 등을 원고에 미리 표시해 두도록 하자.

다음은, 'ㅅ'발음이 어려운 분들을 위한 해법이다. 'ㄷ'과 'ㅅ'의 발음을 비교해보면 'ㅅ'의 발음 원리를 보다 명확히 이해할 수 있다. 'ㄷ'발음은 치조에 닿아서 소리가 나고, 'ㅅ'은 경구개와 마찰하면서 소리가 난다. [다]와 [사]를 발음하며 차이를 곱씹어본다면, '닿는 것'과 '마찰하는 것'의 차이를 가늠할 수 있을 것이다. 'ㅅ'발음이 샌다면, 혀가 치조에 닿는 건 아닌지 체크해보자. 혹여 혀가 이와 이 사이로 나오는 경우라면, 의도적으로 이와 이 사이를 띄워야 하며, 혀를 안쪽으로 약간 잡아당기는 느낌으로 발음해볼 것을 권한다.

끝으로 모음발음이 전체적으로 불명확한 경우다. 이런 경우는 '입술의 움직임'에 유의해야 한다. 입술의 움직임이 소극적이면 정확한 모음 음가를 내는 것이 불가하기 때문이다. '어'와 '아'모음이 마치 '오'처럼 발음된다면 턱 근육이 밑으로 더 벌어지도록 내리자. 또 '오'와 '우'의 구분이 불명확한 경우도 있는데, 이럴 땐 '오'는 촛불을 끄듯이, '우'는 뜨거운 국을 식히듯이 입술의 모양을 만든다고 생각하면 수월하다.

발음에도 준비운동이 필요하다. 운동 전에 스트레칭을 하듯 조음 기관을 충분히 풀어주는 습관을 갖도록 하자. 뺨을 풍선처럼 부풀려 5초간 유지한 뒤 가볍게 공기를 빼내보거나, '아, 에, 이, 오, 우'나 '이, 우, 이, 우' 등을 입 모양을 최대한 크고 정확하게 만들면서 소리 내보는 방법을 추천한다. 정확한 발음을 구사하는 데 상당한 도움이 될 뿐만 아니라 굳어 있는 얼굴 근육을 풀어줌으로서 자연스럽고 밝은 표정을 만드는데도 한결 도움이 된다.

Tip! Tip!

웃는 얼굴을 만들려면?

평소 가만히 있어도 기분 좋은 일이 있는 것처럼 보이는 '웃상'을 가진 사람은 주변에 긍적적인 에너지를 준다. 웃상은 단순히 웃는 입 모양만으로는 설명이 부족하다.

표정은 하루아침에 만들어지는 것이 아니다. 마음가짐에서 진정성 있게 표현되어야 한다. 여기서 포인트는 '눈'이다. 가식적인 표정은 '눈빛'과 '시선'에서 차이가 난다. 때문에 결국 '눈'이 웃어야 한다.

미국의 역대 대통령 선거는 결국 표정언어에서 승부가 갈렸다고 해도 과언이 아니다.
단순히 입만 웃는다고 웃는 것이 아니며 자연스러운 눈의 표정과 입꼬리가 연결되었을 때 뒤센 스마일(Duchenne smile)이라는 아름다운 진짜 미소와 표정이 완성된다. '눈'이 마음의 창(窓)이기 때문이다.

시선 처리, 마법의 3초를 버텨라

눈빛에는 정신과 영혼, 몸이 있다.

자신의 의견을 굽히지 않는 자는 진리보다 자기 자신을 사랑한다.

– 조셉 주베르 Joseph Joubert (프랑스 작가, 철학자)

공적인 말하기 자리에서는 시선 처리가 매우 중요하다. 이때, 시선 처리의 절대 금기 사항이 바로 곁눈질이다. '곁눈질'이란 '곁눈'으로만 본다는 뜻인데 '얼굴을 돌리지 않고 눈동자만 옆으로 굴려서 보는 눈'이다.

힐끔힐끔 쳐다보는 사람 때문에 불쾌했던 경험은 다들 있을 것이다. 곁눈질은 상대를 불쾌하게 할 뿐 결코 소통을 할 수 없다. 방송에서도 출연자가 곁눈질하는 장면이 나오면 시청자들은 NG(No Good)라고 생각한다.

시선은 마음의 방향이다

시선(視線)의 사전적 의미는 눈이 가는 길 또는 눈의 방향, 관심을 이르는 말이다. 어쩌면 마음보다 시선이 먼저 가 있을 수도 있다. 말할 때는 몸이 상대에게 먼저 향한 후 시선도 함께 가야 한다. 절대로 곁눈질로 여러 사람을 힐끔힐끔 쳐다보아서는 안 된다. 마찬가지로, 원고를 보고 읽을 때 시선이 원고와 청중을 끊임없이 왔다 갔다 하는 것도 주의해야 한다.

필자가 신입 아나운서 수습시절의 일이다. 멋지게 TV화면에 나올 내 모습을 상상하며 뉴스와 MC 대본을 연습하고 있는데 한 선배가 지나가면서 이런 말을 툭 던지는 것이었다. "너는 닭 모이 쪼니?" 닭이 모이 쪼듯 쉴 새 없이 고개를 들었다 내렸다 하는 모습을 지적한 것이다.

공적인 말하기는 대체로 원고가 있는 경우가 많은데 원고를 말하기로 소화하는 과정에서 청중과 소통하기 위해 끊임없이 고개를 움직이는 것은 오히려 소통에 방해가 된다. 수시로 의미 없이 왔다 갔다 하는 것이 아니라, 고개를 한 번 들었을 때 최소한 3초 이상은 머물러야 청중과 의미 있는 소통을 할 수 있다.

선거철이 되면, 후보들이 길거리에서 유권자 한 명 한 명과 정성스럽게 손을 맞잡으며 한참동안 시선을 유지한다. 소통이 되기 위해서는 소통을 하고자 하는 상대에게 몸을 완전히 돌리고, 시선은 3초 이상 유지해야 함을 꼭 기억하자.

정부나 정당 대변인의 정책이나 성명 발표 모습도 마찬가지인데 고개 한 번 들지 않고 원고를 줄줄 읽는 경우는 청중이 교감하기 어렵고 산만한 고갯짓이나 움직임 역시 소통을 방해한다.

원고를 의존하지 말고 활용하라

청중에 대한 시선 처리는 신뢰도와 밀접한 관련이 있다. 원고에 의존하지 않고 청중을 향한 발표자의 시선 처리가 80%가 넘으면 자신감이 넘쳐 보인다. 자신감이 넘쳐 보이기 때문에 발표자의 말은 신뢰감을 주게 된다. 공적인 말하기에서 발표자가 시선 처리를 제대로 하지 않으면 청중은 집중하지 않을 가능성이 높다. 나의 눈빛으로 청중을 사로잡아야 하는 것이다.

공적인 말하기에서 청중에 대한 시선 처리는 청중의 눈을 보며 말한다.

청중의 눈을 보면서 현재 상황을 읽어야 한다. 그래야 상황에 맞는 발표를 끌어 갈 수 있다. 필요한 경우, 청중의 눈을 응시하며 내 말에 동의를 구할 수도 있다. 막연하게 앞만 보는 것은 큰 의미가 없으니 꼭 여러 청중의 눈을 돌아가면서 응시하자.

발표가 너무 긴장되거나 경험이 부족해 익숙하지 않은 경우는 호감 가는 사람, 아는 사람을 먼저 보도록 한다. 시선 처리를 골고루 해야 한다는 강박관념으로 앞줄과 중앙, 좌우로 시선을 골고루 옮겨 다니다 보면 저항적인 청중에게 시선이 머물게 되고 이로 인해 마음의 안정이 흐트러질 수 있다.

또한 원고의 한 문장씩을 천천히 분명하게 말하되 문장이 끝날 즈음, 즉 종결처리는 고개를 들고 청중을 보며 말한다. 한 문장이나 단락을 말하고 나서 한쪽을 바라보고, 다음 문장이나 단락을 말할 때는 다른 쪽을 바라보도록 하자. 그렇게 해야 시선이 골고루 돌아간다.

이때 초점 없이 허공을 보거나, 생각하며 말할 때 눈동자가 천장이나 위로 향하는 경우, 습관적인 잦은 눈 깜빡임이나 눈을 찡그리는 경우, 눈을 치켜뜨거나 내려보는 경우, 기계적인 시선 처리 등을 주의하면 된다.

시선 처리가 부자연스러운 원인은 내용 숙지가 미흡하거나 경험이 없어 자신감이 부족한 경우가 대부분이니 사전 리허설 등을 통해 기본적인 사항을 체크하고 자신의 모습을 동영상으로 찍어 모니터링(monitoring)해보면 도움이 된다.

시선 처리 방법

1. 청중을 바라보되, 한 사람을 오랫동안 바라보지 말고 여유있게 시선을 고루 분산한다.

2. 한 문장이나 한 단락을 말할 때마다 한 명씩 바라본다고 생각하면 된다. 발표나 연설 중 막히더라도 천장이나 벽을 쳐다보면 안 된다.

3. 원고를 바탕으로 한 발표는 한 문장이 끝날 즈음 고개를 들고 3초 이상 머물 수 있도록 내용을 충분히 숙지한다. 이 때 원고는 가급적 길지 않은 단문 형태가 좋다.

보이는 것이 결과보다 중요하다

타인의 호감을 사는 법.

1. 따뜻하고 성실한 관심을 기울이라.

2. 이름을 기억하라.

3. 말하기보다 듣기를 잘하라.

4. 마음속으로부터 칭찬하라.

5. 미소를 지어라.

6. 상대의 관심방향을 간파하라.

— 데일 카네기 Dale Carnegie (작가, 커뮤니케이션 전문가)

'청와대 영수회담에서 칼국수를 내놓는 대통령이니까 검소할거야.'

'허름한 시장통 국밥집에서 욕쟁이 할머니의 타박을 들으며 국밥을 먹는 대통령 후보니까 서민들의 마음을 잘 알겠지.'

'전직 대통령이지만 자전거 뒤에 손녀를 태우고 시골 마을을 누비는

걸 보니까 너무 친근하다.'

보이는 것이 결과나 본질보다 중요한 경우를 쉽게 찾을 수 있다. 클라이언트와 점심 미팅을 하게 되었다고 가정해 보자. 아무리 가벼운 자리라 할지라도, 정중한 의상을 갖춰 입는 것은 물론이고 식사 장소 또한 맛은 괜찮은지, 분위기가 너무 산만하지는 않은지 등 많은 것을 고려할 것이다.

긍정적인 시선을 끌어라

개개인도 이렇게 신경을 쓰는데 정치인이나 한 나라의 정상 간 회담은 말할 필요조차 없다. 상대 국가를 방문할 때, 해당 나라의 문화를 고려하여 의상이나 행동 등을 세심하게 신경 쓰는 모습을 볼 수 있다. 중국을 방문하게 되었다면, 붉은색 계열의 의상을 선택하는 것이 그 예이다.

언젠가 미국 빌 게이츠가 프랑스 대통령과 면담하며 한 손을 주머니에 넣고 악수하는 모습이 언론 카메라에 포착되었는데 프랑스 국민 사이에서 무례하다며 한동안 구설수에 오른 적이 있다. 최근에는 미국 트럼프 대통령이 각국 정상을 대하는 비정상적인 태도로 많은 논란이 되고 있기도 하다. 회담에서 아무리 큰 성과를 얻었더라도, 결론보다는 사소한 결례가 언론에 더 크게 부각되고 국민들의 인식에 부정적인 영향을 끼칠 수 있음을 명심해야 한다.

극단적인 예로 만약 우리나라의 대통령이 일본의 총리를 만나 지나치게 저자세를 취했을 경우, 국민이 느끼게 될 감정을 한번 떠올려 보면 쉽게 이해가 될 것이다. 실질적으로 그 자리에서 외교적 이득을 보았더라도, 국민들은 우리나라 대통령의 저자세에 실망을 금치 못할 것이다.

기본적으로 공적인 자리에서 입는 정장이란 재킷을 갖춰입는 것을 말한다. 색상은 검정색 보다는 네이비 계열이 신뢰감을 높여주고 넥타이는 심플한 디자인이 세련되어 보인다.

여성의 경우 너무 화려한 옷차림이나 큰 액세서리는 피하고 무대에 섰을 때 의상에 시선이 지나치게 가지 않도록 한다. 또 머리가 길면 흘러내려 말하기에 방해가 될 수 있기 때문에 뒤쪽으로 묶는 것이 단정하다.

카메라를 통해 화면에 비춰지는 모습을 보면 남녀 모두 이마를 드러낸 헤어스타일이 많다. 밝고 자신감 있는 인상으로 보이기 때문이다. 청중은 발표자가 하는 말의 내용에 앞서 말하는 사람의 이미지에서 메시지를 읽으려 한다는 점을 기억하자.

절도 있게 움직여라

비언어적인 커뮤니케이션 요소를 '바디랭귀지'라고 하는데 몸의 움직임은 실제로 많은 말을 대변하기도 하고 우리가 생각하는 것보다 훨씬 더 솔직하게 드러난다. 엷은 미소로 당당하게 무대에 오르는 발표자는 이미 '제대로 준비했으니 집중해 주십시오'라고 말하고 있는 것이다.

발표자는 마이크와 연단을 이용해 스피치를 하게 되는 경우가 많다. 이때 어떤 자세로 말하느냐에 따라 청중에게 신뢰를 줄 수 있는지가 결정됨에도 많은 사람들이 이를 간과하고 있어 짚고 넘어가고자 한다.

우선 등장이다. 처음 연단 앞에 설 때에는 정면을 응시하고 보폭을 크게 하는 것이 좋다. 당당하고 자신감에 차 있다는 인상을 줄 수 있다. 바닥을 보고 걷거나 우물쭈물한 움직임으로 입장하지 않아야 한다.

첫 멘트는 청중을 바라보고 크게 말해야 하며 자세가 구부정해지지 않도록 반듯한 자세로 양 다리에 고르게 무게감을 싣는다. 한쪽 다리에만 무게 중심을 두면, 왼쪽 다리와 오른쪽 다리를 왔다 갔다 하면서 시소를 타듯 불필요한 움직임이 드러날 수 있다. 특히 방송 출연의 경우, 시청자의 시선이 화면 프레임 안에 집중되어 사소한 움직임도 더 크게 부각되므로 주의해야 한다.

손은 차렷 자세나 뒷짐 자세보다는 가볍게 연단 위에 올려놓는 정도가 좋다. 단, 연단에 기대거나 연단 양 옆을 잡고 의지 하는듯한 모습을 보이는 것은 좋지 못하다. 또한 연단 옆으로 나와 인사할 경우 연단과 너무 가깝지 않도록 충분히 여유를 두고 인사는 정중하게 하되 목례 정도가 무방하겠다.

마이크를 능숙하게 다뤄라

무대 위에 올라 마이크 앞에 서면 사실 마이크를 신경 쓸 여유가 생기지 않는다. 하지만 나의 목소리가 마이크를 통해 어떻게 전달되는지에 따라 청중의 집중도가 달라지므로 세심하게 주의해야 한다.

우선 연단 마이크의 경우 입을 마이크에 너무 가까이 대면 '퍽퍽' 하는 파열음이 난다. 때문에 마이크와 입의 거리는 주먹 하나가 들어가는 정도를 유지해야 한다.

　또한 마이크는 발표자의 입보다 약간 아래에 위치해야 하는데, 사람마다 키 차이가 있으므로 사전에 조정해 두는 것이 좋다. 마이크의 위치가 발표자의 입과 방향이 맞아야 하는데 만약 너무 높거나 낮으면 높이 때문에 허리가 구부정해지는 등 자세가 흐트러질 수 있다. 또 마이크가 얼굴이나 입을 가리면 청중이 발표자의 입 모양을 볼 수 없어 답답함을 느끼기 쉬우므로 주의하도록 한다.

Tip! Tip!

연단 기본자세

1. 연단에 섰을 때 양 손을 연단 위에 가볍게 올린다. 이때 마이크를 잡고 말하는 자세는 피한다.

2. 허리는 항상 곧게 펴고, 마이크를 향해 몸이 기울어지지 않게 한다. 고개를 한쪽으로 기울이거나 청중을 삐딱하게 바라보지 않는다.

3. 체중은 몸 전체, 양 다리에 싣는다. 무게중심이 한쪽 다리로 쏠려 자세가 기울어지지 않게 유의한다.

4. 어깨는 최대한 힘을 빼고, 양 다리는 어깨 넓이만큼 벌린다. 스텝을 밟으며 이리저리 움직이지 않는다.

5. 강조나 결론을 말할 때는 한 발 앞으로 나서거나 제스처 등 움직임을 활용한다.

제스처는 말의 화룡점정이다

19세기 스페인의 가장 위대한 바이올리니스트 사라사테에 대한 이야기다. 사라사테에게 한 유명한 비평가가 '천재'라고 칭한 적이 있었다. 그것에 대해 사라사테는 이렇게 답했다. "천재? 37년간 하루도 빠짐없이 14시간씩 연습했는데, 그들은 나를 천재라고 부른다."

– 존 맥스웰 John C. Maxwell (성공 이야기 중에서)

　　동양에서는 여성의 수줍음 표현을 손으로 입을 가리는 행동으로 드러낸다. 웃으면서 가리기도 하고, 말하면서 가리기도 한다. 하지만 서양에서는 손으로 입을 가리며 웃거나 대화하는 것은 상대방을 무시하거나, 진실하지 못한 것으로 간주된다. '잘 모르겠다'라는 표현 역시 우리는 머리를 긁적이지만 서양 사람들은 어깨와 눈썹을 함께 으쓱하고 들어 올리는 제스처를 사용한다.

계산된 제스처가 전달력을 높인다

제스처는 생각보다 많은 메시지를 준다. 발표자가 손바닥을 보이는 것은 마음을 연다는 무언의 메시지를 전달해 청중에게 신뢰감과 호의적인 이미지를 줄 수 있다. 반대로 손등을 보이면 방어나 경멸의 메시지로 해석될 수 있다.

'연사의 제스처는 명장의 지휘봉과 같다'는 말이 있다. 제스처는 청중의 이해를 돕고, 시선을 집중시키며 발표자의 말에 힘을 실어 주는 역할을 한다. 음성을 통해 들리는 말뿐만 아니라 온몸을 이용해 말할 때 효과가 극대화되므로 등장 시부터 제스처에 주의해야 한다

앞서 언급했듯 여유 있게 큰 보폭으로 등장하는 것이 좋다. 연단에 서면 바로 이야기를 시작하지 말고, 자세를 한번 가다듬은 후 시작한다. 등장 후 약간의 침묵은 청중의 주의를 집중시킬 수 있는 좋은 스킬이다.

공적인 말하기에서 연사가 힘주어 말할 때 주먹을 불끈 쥐고 들어 올리는 강한 제스처를 취하는 경우도 있다. 그런데 같은 제스처라도 어떤 이는 지나치게 과장되어 부자연스럽게 보이는가 하면 반대로 주먹을 쥐었는데도

소심해 보이기도 한다. 반면, 유명한 연사들의 제스처는 자연스럽고 세련되어 보인다.

이는 제스처의 '범위' 또는 '자연스러움'과 연관이 있다. '파워 존(Power Zone)'이란 제스처를 하는 몸의 범위를 말하는데 자신의 머리, 허리, 양 어깨를 중심으로 가상의 사각형을 그려 보면 가늠하기 쉽다. 이 사각형 내에서 제스처를 구사하는 것을 기준으로 삼고, 청중의 수가 많을수록 사각형 또한 넓게 잡으면 된다.

말할 때 두 손을 너무 내려서 잡고 있으면 큰 잘못을 한 사람처럼 보이거나 아주 소극적으로 보인다. 기본 동작은 적당히 깍지를 끼고 배꼽 아랫쪽에 살짝 갖다 대는 것이다. 손바닥을 배에 딱 붙이면 어색할 수 있으니 자연스럽게 갖다 놓는 것이 좋다. 또는 기도하듯 양손을 맞잡고 말을 시작하면 손에 힘이 들어가면서 자세의 중심을 잡을 수 있다.

다음은 자연스러움인데, 제스처에는 준비, 완성, 복귀의 세 가지 단계가 있다.

준비 단계는, 본격적인 제스처를 취하기 전의 예비 단계로 자연스러워야 한다. 주먹을 쥐어 올리는 제스처라면, 주먹을 반쯤 쥐고, 손을 살짝 올린 정도가 되겠다.

완성 단계는 주먹을 본격적으로 쥐고 올린 상태이다. 강한 인상을 남기므로, 앞서 서술한 범위 내에서 간결하게 해야 한다.

마지막 복귀 단계에서는, 청중과 시선을 맞추고 말을 자연스럽게 이어 나가면서 손을 내려 주면 된다.

손으로 제스처를 할 때 유의할 점은 손끝에 힘을 주어야 한다는 것이다. 손끝에 힘이 없으면 말하는 사람의 자신감이 없어 보이기 때문이다. 핵심 내용이나 강조하고 싶은 내용에서 검지 손가락을 사용하는 제스처는 메시지를 효과적으로 전달할 수 있는 포인터로 사용할 수 있다. 하지만 너무 많이 사용하거나 검지손가락으로 청중을 지목하는 것은 무례한 느낌을 줄 수 있기 때문에 강조용으로만 사용한다.

손을 가슴에 두고 말하는 제스처는 진심을 담아 말한다는 느낌을 준다. 자신의 진솔한 경험이나 진심을 담아 말할 때 이 제스처를 활용하면 보다 감동적으로 청중에게 전달할 수 있다.

그러나 청중에게 등을 자주 보이거나 팔짱을 끼는 행동, 서 있는 자세에서 다리를 꼬고 있거나 습관적으로 혀를 내미는 동작은 긴장감을 드러내 역효과를 가져올 수 있으니 주의해야 한다.

제스처 활용 방법

1. 청중의 시선을 움직이게 함으로써, 단조로움과 지루함 등을 예방할 수 있다.

2. 발표 내용 중 키워드를 강조하거나 특정한 감정을 전달하고자 할 때 사용하면 효과적이다.

3. 내용의 설명과 타이밍이 적절히 맞아야 한다.

4. 앞으로 나아갈 때는 천천히 진행해야 하며, 이때도 말을 멈춰서는 안 된다. 다시 제자리로 돌아올 때는 등을 보이지 않는다.

5. 제스처는 반드시 사전에 연습한 후 자신의 것으로 만들어 사용한다.

무대를 장악하라

리더가 갖춰야 할 가장 중요한 자질 중 하나는 사업을 위에서 내려다보며,
동시에 내부에서도 볼 수 있는 균형잡힌 안목이다.
훌륭한 리더는 15분 안에 6만 피트 상공에서 지면까지 달려갈 수 있어야
한다. 리더가 구름 속에 너무 오래 머물러 있으면 지금 무슨 일이 일어나고
있는지 알 수 없을 것이고, 땅에서만 있으면 미래를 예견할 수 없다.

– 제프리 이멜트 Jeffrey Immelt (GE 최고경영자 CEO)

스티브 잡스는 애플의 CEO이자 걸어 다니는 홍보모델이었다. 무대를 활
보하며 직접 신제품에 대한 프레젠테이션을 했는데 발표 시 무대 전체를 자
신의 공간으로 활용했다. 청중의 수가 많을수록 그만큼 크게 움직여 무대를
장악했다.

'발표할 때 내가 움직이는 공간이 나의 카리스마의 크기다'라는 말이 있

다. 청중을 압도하고 싶다면 나의 공간을 최대한 많이 활용하는 것이 좋다.

목적을 가지고 움직여라

제스처의 크기도 마찬가지인데 팔의 움직임이나 손으로 뭔가를 가리킬 때 역시 크고 분명하게 한다면 청중에게 지루함을 덜어주는 동시에 명확한 전달이 가능해진다. 하지만 이유나 목적 없이 움직여서는 곤란하다. 오프닝에서 본론으로 넘어갈 때, 또는 주제가 바뀔 때, 마무리를 할 때 등 청중의 입장에서 내용이 전환되었다는 것을 느낄 수 있게 한다.

반면에 TV출연을 위한 말하기라면 카메라의 프레임을 의식해야 한다. 너무 큰 동작은 프레임을 벗어나기 때문에 겨드랑이를 떨어뜨리지 않는 범위 안에서 섬세하면서도 정확한 제스처로 소통 능력을 키워야 한다. 카메라를 통한 이미지는 눈빛과 표정에 의해 크게 좌우된다.

무대를 장악하는 매력적인 말하기는 내용과 전달력, 변화력 모두를 갖춘 것이다. 즉 분명한 메시지, 생생한 이미지, 그리고 부드러운 공감 능력이라고 할 수 있다.

무대 위에서 폭발적인 무대 매너를 선보이는 가수나 명연설가 중에는 실제로 낯을 가리는 조용한 성격이 많다. 성격이 내향적이라서 발표나 프레젠테이션 등 공적인 말하기 자리를 두려워하는 기우(杞憂)일 뿐이다.

무대에 서 있는 나와 내 개인의 성격은 분리해야 한다. 자신의 성격이나 실패의 경험은 잊어버리고 무대에서의 또 다른 나의 모습을 선보여 보자. 청중은 나의 본모습이나 성격을 알고 싶은 것이 아니라 긍정적인 에너지, 필요한 정보를 얻고 싶을 뿐이다.

주연은 발표자이고 조연이 파워포인트이다

요즘은 파워포인트 같은 시각 자료를 사용해 발표할 기회가 많다. 이때 발표자의 스피치 능력은 뒷전인 채 '정보만 가득한 슬라이드 쇼'를 하는 연사를 종종 보게 된다. 이런 경우 대개 시각 자료에 지나치게 의존해 발표하기 때문에 쉽게 지루해지고 청중의 공감을 불러일으키기 어렵다.

시각 자료는 청중의 이해를 돕고 청중의 주의를 환기하기 위해 사용하는 보조 장치에 불과하다. 따라서 어떠한 경우에도 발표의 주인공은 시각 자료가 아니라 연사와 연사가 전하는 스피치가 되어야 한다는 사실을 명심하자.

따라서 슬라이드 화면 ppt에 모든 내용을 담지 말아야 한다. 주인공인 발표자를 돕는 장치로서 ppt가 활용되어야 한다. 파워포인트 사용에 미숙한 모습을 보이거나 발표 순서가 뒤죽박죽이거나 최신 자료가 아닌 오래된 자료를 인용하는 것 등은 제대로 준비가 안된 것처럼 보인다. 따라서 발표 시작 전 주변 환경을 체크하고 미리 시연해 보는 것이 좋다. 슬라이드가 너무 많으면 예정된 발표 시간을 넘기거나 휴식시간을 지키기 어려우니 분량에 대한 다이어트가 필요하다.

발표자에게는 청중의 마음을 읽을 수 있는 여유 또한 필요하다. 청중이 누구인지에 따라, 현재 느끼는 감정이 무엇인지에 따라 공감대를 형성하는 방법이 다르기 때문이다. 청중이 대학생일 경우는 취업과 관련된 질문으로, 청중이 중간관리자나 임원일 경우는 리더의 고충을 언급하면서 말문을 열 수 있다. 청중과의 친밀감 형성에 성공하는 방법이다.

발표자의 시선 처리 또한 중요하다. 시선은 청중을 위주로 하고 옆모습과 뒷통수를 자주 보이면 안된다, 슬라이드 화면만 보면서 말할 경우 준비부족이나 내용 숙지가 제대로 되지 않은 것으로 간주된다. 청중과 소통하려면 청중을 자주 바라보며 청중의 분위기를 살펴야 집중력을 높일 수 있다. 물론 자연스러운 제스처나 상황에 따른 무대 이동은 필수다.

Tip! Tip!

무대 이동법

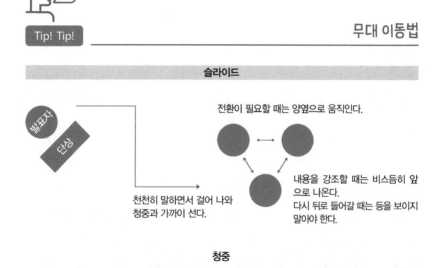

MEDIA SPEECH MAKING

CHAPTER

03

체계적으로,
지혜롭게 말하기

사실 우리나라는 겸양을 중시하고 주변 상황을 잘 이해해야 대화의 맥을 짚을 수 있는 문화다. 하지만 요즘은 상황이 많이 달라졌다. 누군가 앞뒤 문맥 없이 동영상 일부분을 찍어 공개하더라도 문제가 되지 않도록 표현에 신중을 기해야 한다. 특히 어법에 맞는 표현인지, 단어의 어원이 속어나 비어는 아닌지 신경 써야 한다.

모든 일과 사물에 관심을 가지고 관찰력을 동원하면 새로운 것을 발견하게 되는데 그것이 곧 말의 자료가 된다. 다만 사람의 기억력은 한계가 있어서 메모나 스크랩을 해두지 않으면 말의 자료가 없어 내용도 고갈된다. 그러니 좋은 이야깃거리는 자신만의 지식 창고에 잘 저장해 두었다가 필요할 때마다 꺼내 쓰면 되는 것이다.

이미 누구나 알고 있는 오래된 정보를 가지고 말을 한다면 청중의 관심을 끌 수 없다. 또 딱딱한 얘기를 늘어놓는다거나 케케묵은 지식을 논한다면 청중의 마음은 떠나간다.

그렇다면 무엇을 어떻게 말할 것인가. 내용이 충실하고 말이 체계적이면 빛을 발하게 되는 법이다.

OBC 스피치로 명쾌하게 정리하라

나는 계속 배우면서 갖추어 간다. 언젠가는 나에게도 기회가 올 것이다. 나는 내가 할 수 있는 한의 최선의 것, 내가 아는 한의 최선의 것을 실행하고 또한 언제나 그러한 상태를 지속시키려고 한다.

– 에이브러햄 링컨 Abraham Lincoln (미국 16대 대통령)

고대 그리스에서는 수사학으로 소피스트들이 큰 돈을 벌었다고 한다. 소크라테스는 속물적이라고 폄하했지만 당시 소피스트들의 설득력은 강력했고 인기를 얻고 있었다. 견문을 넓힐 수 있도록 다양한 상황에 대해 소토론으로 학습을 시키고 이를 연설로 연결하는 수업을 진행했기 때문이다. 그래서 소피스트의 스피치 기술은 실용적이었다. 이들은 구전으로 돌던 정보를 기억하고 정리해 최신 정보로 재가공하고 청중에 따라 맞춤형으로 연설했다.

소크라테스의 제자 플라톤도 자신이 꿈꾸던 철학자가 통치하는 시대를 앞당기려면 말의 기술인 레토릭(rhetoric)이 필요하다고 건의했다. 그 결과로 아리스토텔레스가 소피스트 기술을 총정리한 것이 바로 '수사학(修辭學)'이다.

논리로 접근해 감성으로 완성하라

2천 년이 지난 지금도 연설자에 대한 신뢰가 바탕인 에토스(Ethos), 청중의 감동을 이끌어내는 파토스(Pathos), 논리적인 설득의 바탕인 로고스(Logos)는 스피치의 기본 골격으로 변함이 없다.

그렇다면 좋은 내용이란 무엇인가? 우선 이론적으로 깊이와 논리가 있어야 한다. 약장수처럼 겉만 번지르르 해서는 안된다. 탄탄한 내용의 골격과 깊이 있는 사고, 이론적 바탕이 있어야 한다.

하지만 잘 알고 있는 분야에 관한 이야기라도 추상적인 이론만 전개한다면 청중은 금방 싫증을 낸다. 이론적이고 나열형인 말하기는 집중하기 어렵기 때문이다.

우선 적절한 예화가 있어야 한다. 예화는 어떤 문제를 이해시키거나 공감대를 불러일으키는데 있어서 효과적인 방법이다. 예화나 사례는 자기가 경험한 내용이나 사실적 이야기, 자신이 솔직하게 느낀 진지한 내용이어야 공감대가 형성되고 설득이 가능해진다. 즉 말에는 진정성과 소신이 담겨 있어야 상대방에게 믿음과 신뢰를 줄 수 있는 최고의 스피치를 할 수 있다.

미국의 오바마와 힐러리 연설을 비교해보자. 일단 오바마는 내용과 전달력에 있어서 탁월하다. 하지만 가장 중요한 능력은 스토리의 힘이다.

지루한 연설은 정책을 나열하지만 위대한 연설은 청중을 결집시킨다. 스토리는 너와 나의 이야기고 너와 나를 우리로 연결시킨다. 정책에 대한 건조한 설명이나 딱딱한 통계보다 듣는 이의 감성을 자극하는 우리 주변의 일화를 소개하는 식이다.

'스토리의 힘'을 보여주는 카네기 멜론 대학 연구진의 실험이 있다. 이들은 피실험자들에게 설문조사 대가로 5달러를 주며, 어린이 보호재단에 기부해달라는 내용의 편지를 두 가지 형태로 작성했다.

하나는 절박한 처지를 보여주는 통계자료, 다른 하나는 불쌍한 소녀에 관한 사연이었다. 통계자료 편지를 읽은 사람들은 평균 1.14달러를 기부했지만 불쌍한 소녀의 사연을 읽은 사람은 평균 2.38달러를 기부하겠다고 말했다. 스토리는 사실이나 사건보다 '특정 인물'을 이야기해야 살아 숨 쉰다.

힐러리 연설에서 강점으로 작용한 것은 '완벽함'이나 '우월성'이 아니라 역설적으로 '평범함'이었다. 남편 클린턴과의 연애 이야기, 딸 바보인 평범한 어머니로서 연설의 말문을 열었다.

공적인 말하기에서 자신을 낮추면 높아지고, 높이면 낮아진다. 이는 연설에도 적용되는데 무대 연설에서 중요한 것은 공감되는 스토리나 아이디어다. 물론 이야기나 아이디어의 소재는 자신의 삶과 경험에서 찾아야 한다. 명연설 대부분은 개인적인 경험과 그 경험에서 얻은 교훈을 바탕으로 한다.

메모하는 습관을 가져라

발표 내용이 발표자의 입장에서 하는 말이면 성공적인 말하기라고 보기 어렵다. 청중이 원하는 것, 청중이 궁금한 것, 청중이 알아야 할 내용을 말해야 한다. 또 청중에게 정확하게 잘 들리고 이해를 돕는 표현 스킬도 함께 필요하다.

공적인 말하기에서 내용을 생각해 내는 과정을 착상(invention)이라고 하는데 서론, 본론, 결론의 순서로 곧장 원고를 써내려가기보다는 말하기 주제와 관련한 생각들을 먼저 떠올려 보는 과정을 거치는 것이 좋다. 일종의 브레인스토밍(brainstorming)인데 이는 용어가 말해 주듯 두뇌에서 폭풍이 휘몰아치듯 떠오르는 생각들을 밖으로 꺼내는 방법이다.

브레인스토밍은 평소 메모하는 습관이 중요한데 수시로 빈 종이를 펼쳐 놓고 주제와 관련해 떠오르는 생각이나 경험을 무조건 적어 본다. 떠오른 생각은 나중에 다른 생각과 합쳐져 참신하고 개성 있는 생각으로 발전할 수도 있다. 그렇기 때문에 섣부른 판단으로 좋은 생각들이 사장되지 않도록 떠오르는 대로 모두 적어 놓는다.

또한 청중을 분석해야 한다. 청중은 공적인 말하기의 출발점인 동시에 종착점이다. 스피치의 궁극적인 목적은 청중의 마음을 움직이는 데 있는 만큼 모든 착상 과정은 청중의 나이, 성별, 직업, 직급 등에 따라 맞춰져 있어야 한다.

OBC를 활용하라

착상 과정을 통해서 떠올린 내용을 청중이 잘 이해할 수 있는 순서로 조직하는 것을 배열(disposition)이라고 말한다. 전체 구성에서 보편적으로 가장 많이 사용하는 배열법은 OBC로 이루어진 3단 구성이다. 세 개의 알파벳은 오프닝(opening) – 바디(body) – 클로징(closing)을 순서대로 뜻한다.

우선 자신의 이름과 소속기관을 소개하는 첫 말문이 중요하다. 직업이나 직급은 이름의 뒤에 붙는 것이 바람직하다.

안녕하십니까. ┌ 저는 ○○방송의 김진숙 아나운서입니다. (X)
             └ ○○방송의 아나운서 김진숙입니다. (O)

반갑습니다.   ┌ ○○전자 영업부 홍길동 부장입니다. (X)
             └ ○○전자 영업부장 홍길동입니다. (O)

오프닝인 서론은 청중의 호감을 사고, 청중의 관심을 끌고, 주제와 주요 내용을 예고함으로써 본론에 집중할 수 있도록 준비시키는 과정이다. 즉 들을 사람이 준비되도록 만들어주는 작업이다. 오프닝에서 호감을 얻으면 발표가 쉬워진다. 평소 생활 속 이야기 거리를 활용해 나만의 개성있는 오프닝 멘트를 개발해두자.

가장 일반적인 본론 전개는 주요 논점을 3가지 이내로 선별해 다룬다. 이때 이 논점을 뒷받침하거나 부연 설명할 수 있는 세부 내용과 사례도 함께 배열해야 한다.

끝으로 결론부분인 클로징에서는 다시 한번 주제를 강조하면서 청중이 공감대를 느끼고 적용할 수 있도록 정확한 메시지를 주어야 한다. 마지막 멘트는 명언이나, 임팩트 있는 한마디를 준비하면 더욱 좋다. 스피치의 목적은 미사여구를 늘어놓는 것이 아니라, 일목요연하게 해야 할 말을 정확히 전달하는 데 있음을 기억하자.

녹음으로 스스로를 피드백하라

자신이 말한 내용을 녹음이나 녹화를 통해 글로 바꾸어 옮겨 보는 작업도 한 번쯤 필요하다. "음…. 정말…. 이제…. 진짜로…." 등 여음이 필요이상 많다는 것을 알 수 있기 때문이다. 이렇게 말을 글로 바꾸어 적어보면 자신이 자주 쓰는 불필요한 습관적 단어를 발견할 수 있게 되는데 이러한 습관을 고치려는 노력이 필요하다. 반복된 표현은 청중에게 지루함만 주고 중요한 부분을 놓치게 한다.

불필요한 여음 습관은 말의 공백을 두려워하는 발표자에게 나타나는 현상이어서 음성으로 모든 공백을 채우려 하지 말고 대신 쉼(포즈)을 활용하는 것도 청중을 집중시킬 수 있는 스킬임을 기억하자.

스피치 내용을 피드백할 때는 한 문장에 많은 내용을 나열해 말하는 바람에 문장이 길어지고 있지 않은지, 말을 반복하며 중언부언하고 있지 않은지, 어순에 맞게 말하는지, 전체적인 흐름에서 이탈하지 않고 논리적으로 말하고 있는지, 메시지를 명확히 전달하고 있는지를 분석한다.

청중을 집중시키는 Opening

가장 강력한 관심 끌기는 청중이 '왜' 지금 이 내용을 들어야 하는지 납득시키는 것이다. 나의 말이 귀 기울여 들을 가치가 있다는 것을 청중에게 이해시킨다면 청중은 자연스럽게 스피치에 빠져들 것이다. 청중은 자신과 관련이 있을 때에만 내용에 흥미를 느낀다.

또 오프닝에서 주제와 주요 내용을 예고하는 것도 청중을 집중하게 만드는 효과가 있다. 대략적인 내용을 알고 들으면 청중은 좀 더 쉽게 이해하게 된다.

1. **질문** : 스피치 주제와 관련된 질문을 건네고 청중의 참여를 이끌어내면서 호기심을 자극할 수 있다.

2. **관심** : 최근의 이슈나 화제, 청중이 깜짝 놀랄 만한 이야기로 시작함으로써 긴장감을 높이고 궁금증을 유발한다.

3. **스토리** : 자신의 이야기든, 주변 사람들의 이야기든, 대중매체를 통해 접한 이야기든 주제와 관련 있는 이야기를 하면서 스피치를 시작한다.

4. **인용** : 유명인의 명언이나 책, 영화, 유머, 속담, 고사성어 등을 인용하면서 말문을 여는 기법이다.

경청, 꿈보다 해몽이 중요하다

사람은 누구나 자기 말이 옳다고 얘기해 주는 이들에게는 호감을 갖는다.
사람은 누구나 자기 말에 토를 달거나 동의하지 않는 이들은 싫어한다.
사람은 누구나 자기 말에 대해 좋은 반응이 없을 때는 기분이 나빠진다.
공감적 경청이 필요한 이유가 여기에 있다.

– 레스 기블린 Lesie T. Giblin (작가, 대인관계 전문가)

'소통을 잘 하기 위해서는 경청이 중요하다'고 알고 있지만 우리는 과연 상대방의 말에 얼마나 경청하고 있을까.

남의 말을 귀담아 듣는 척하면서도 사실 속으로는 내가 할 말을 준비하거나 아니면 상대방의 말을 언제 끊어야 할지, 내 말을 꺼낼 타이밍을 보고 있는 경우가 많다. 상대의 말을 진심으로 듣고자하는 준비가 되어 있지 않으니 소통이 어려운 것이다.

경청은 상대의 정서(傾聽)에 귀 기울이는 것이다

　중용이란 바로 균형 감각인데 어느 한쪽에 치우친 극단적인 사고가 아니라 다양한 관점을 인정하고 스스로 중심을 잡는 자세를 말한다. 공자도 이르기를 하루 이틀은 중용으로 살 수 있을지 모르지만 지속적으로 중용을 유지한다는 것은 무척 어려운 일이라 했다. 이렇듯 지속하기 어려운 균형감을 유지하려면 어떻게 해야 할까. 다양한 사람의 의견을 경청할 때 가능하다. 상황에 맞게 가장 적절한 말을 할 수 있다면 그 어떤 사람에게도 훌륭한 대화 상대로 인정받을 수 있다.

　중국 순임금에 대해 중용에서는 이렇게 적고 있다. "순임금은 지혜로운 분이셨다. 듣고 묻기를 좋아하셨고, 양 극단의 가운데(中)를 붙들어 최적의 정책을 베풀었다. 민생과 직결된 일상의 작은 근심거리도 듣고자 하셨다" 순임금은 남이 자기에게 비판적인 조언을 하더라도 언짢게 여기지 않고 고마움을 표했다고 한다. 얼마나 겸허한 자세로 경청했는지 알 수 있다.

　공자는 추상적인 정치 담론이 아니라 국민 속으로 들어가 경청하는 정치적 소통을 언급했다. 수직적인 유교적 전통질서 속에서도 이상으로 여기는 군주들은 소통의 대가였던 것이다.

경청 리더십은 구성원의 의견을 마음으로 경청하고, 자발적인 몰입을 촉진하는 리더십이다. 리더와 구성원 간에 신뢰와 공감대가 형성되면, 구성원은 자신감을 가지고 창의적 아이디어를 제시할 수 있고 리더는 이를 채택하고 시행할 수 있는 기회를 제공할 수 있어 자발적 몰입으로 이어진다.

흔히 경청(傾聽)에 대해서는 상대의 말을 인내심을 가지고 끝까지 들어주는 덕목 정도로 생각하기 쉽다. 때문에 경청을 잘해 주는 사람은 착한 사람 혹은 인간성이 좋은 사람이라고 여기는데 이는 사실과 매우 다르다. 경청은 굉장히 난도가 높은 스킬이다. 상대의 말을 듣기만 하는 것이 아니라, 상대방이 전하고자 하는 말의 내용은 물론 그 내면에 깔려있는 동기(動機)나 정서에 귀를 기울이고 이를 상대방에게 피드백(feedback)하여 주는 것을 말하기 때문이다.

경청은 대화가 일방향이 아닌, 쌍방향일 때만 가능하다. 경청을 하려면 상대방이 말하는 것을 들으면서 동시에 끊임없이 요점을 파악해야 한다. 상대의 이야기를 잘 들으며 과연 이게 본심인지, 말하지 못한 핵심 단어는 무엇인지, 이야기의 요지는 무엇인지를 정확히 알아야 하기 때문이다.

토론의 진행자가 되었다고 가정해 보자. 패널들은 발언권이 주어지면 본인의 이야기를 말하느라 정신이 없다. 여기서 진행자는, 패널의 이야기를 경청하면서 늘어지거나 반복되는 부분은 적당히 끊어주고, 미처 표현하지 못하고 있는 부분을 끄집어 내 주어야 한다. 그런 후에 아래와 같은 반응을 보이면 패널은 진행자가 자신의 말을 '경청'하고 있다고 여긴다.

"지금 말씀하시는 의도는 이것입니까?"
"아, 좀 전에 이 이야기를 하려고 하셨던 거죠?"

때문에 유능한 진행자들은 곧 뛰어난 경청자이기도 하며 핵심 파악에도 능하다. 이것이 바로 경청이 단순히 말을 끝까지 들어 주는 데서 끝나는 것이 아닌 이유이다.

상대방과 끊임없이 소통하면서, 핵심을 간파하고 무엇을 말하고 싶어하는지 알아주는 사람. 우리는 얼마나 제대로 된 '경청'을 하고 있는지 되돌아 볼 필요가 있다.

좋은 경청자는 '상대가 미처 표현하지 못한 것까지 헤아려서 알아주는 사람'이다. 정서를 알아주면 상대방은 자유로운 자기표현이 가능해지고 소통의 길이 열린다. 소통이란 나는 알고 남들은 모르는 숨겨진 자아로부터, 내

안에 웅크리고 있던 자아가 열리는 것이다.

여기에서 바로 '꿈보다 해몽'이 필요하다. 말하는 사람이 말주변도 없고, 표현력도 부족하며 심지어 웅얼거리기까지 해 무슨 말인지 제대로 알아듣기 힘들다 가정해 보자. 본인도 답답하고, 듣는 사람도 답답한 상황일 것이다.

만약 듣는 사람이 좋은 경청자라면, 핵심 단어 몇 개만으로도 문맥을 정확히 파악해 정리해 줄 수 있다. "지금 가장 하고 싶은 말이 이것인가요?" 라고 정리해 주면, 상대방은 크게 공감하며 "네, 맞아요! 바로 그거에요!" 하며 만족해한다.

흉몽으로 여겨지는 꿈이라도 해석하는 이에 따라 길몽이 되기도 하는 것처럼, 형편없는 말하기라 하더라도 훌륭한 경청자만 있다면 깔끔하게 정리될 수 있는 것이다.

경청의 능력은 상황을 인식하고 주목할 줄 아는 고차원적인 감각을 요구한다. 따라서 잘 듣는 리더, 적극적인 경청을 하는 리더라면 상대의 의도와 감정, 행동까지도 살필 줄 알고 상대를 이해하려는 의도를 가지고 끝까지 집중하며 전체 내용을 듣고 판단할 것이다.

답은 공감지능에 있다

'미래의 문맹은 글을 못 읽는 것이 아니라 상대방의 마음을 읽지 못하는 것이다' 라는 말이 있다.

전문가들은 4차 산업혁명 시대를 살아가는 이들이 꼭 갖추어야 할 능력으로 '공감지능'을 꼽는다. 미래의 인공지능마저 얼마나 사람에 공감하느냐로 성패가 갈릴 것이라는 전망도 나오고 있다.

'공감'이라는 감정이 '지능'이라는 능력이 되려면 상대에 대한 이해와 예측은 물론 자신에 대한 냉철한 판단력도 필요하다. 그래야 상호간의 생각과 감정의 흐름을 읽을 수 있고 사회 구성원들을 설득할 수 있다.

짧고 굵게 말하라

완벽은 더 이상 더할 것이 없을 때 성취되는 것이 아니라 더 이상 버릴 것이 없을 때 이뤄지는 것이다.

— 생텍쥐페리 Saint Exupery (프랑스 소설가)

한 청년이 생선가게를 차렸다. 그리고는 가게에 '우리가 여기에서 신선한 생선을 팝니다' 라는 글귀를 큼지막하게 써서 붙였다. 청년의 아버지가 말했다. "우리가 생선을 팔지 누가 팔겠니? '우리가'는 지우자." 청년은 아버지의 조언을 따라 글귀를 고쳤다. '여기에서 신선한 생선을 팝니다'

그러자 청년의 형이 한마디 거든다. "그럼 여기에서 생선을 팔지 어디에서 팔겠니? '여기에서'는 지우자." 그리하여 '신선한 생선을 팝니다'가 되었다.

이번에는 여동생이 말하기를 "오빠, 우리가 생선을 팔지, 사지는 않잖아요?" 이제 글귀는 '신선한 생선'으로 바뀌었다.

지인이 가게를 연 것을 축하하기 위해 방문했다. 그런데 '신선한'이란 말이 오히려 신선도를 의심할 수 있는 표현이니 그냥 '생선'이 낫겠다고 조언한다.

청년은 잠시 외출했다가 돌아오는 길에 골목길 어귀에서부터 생선의 비린내를 따라가면 자신의 가게임을 알고는 깨달았다. '생선'이란 단어조차 필요 없는 말이었다는 것을.

심플하게 말한다

처음에는 다 중요해 보이고 꼭 있어야 할 것처럼 보이는 것들도 이리저리 따지고 살펴보면 군더더기에 불과한 경우가 많다. 이처럼 군더더기는 빼고 꼭 필요한 요소와 경험을 모아 이것을 서로 엮는 스토리를 만들어서 청중의 마음을 움직일 수 있어야 한다.

공적인 말하기는 간결해야 한다. 한 문장에는 한 가지의 메시지를 담아야한다. 그래야 군더더기가 생기지 않는다.

초등학교 시절을 한번 떠올려 보자. 월요일 아침, 운동장에 전교생을 모아놓고 교장선생님께서 훈화를 시작한다.

"마지막으로 한마디만 더 하자면… 다시 말해… 그렇기 때문에… 여러분은 앞으로… 덧붙여 마지막으로….”

문장이 길면 말이 반복되고 끝맺음하기 어렵다. 말을 하면서도 스스로 만족스럽지 않으니 계속 길어질 뿐이다. 결국 땡볕에서 아이들이 한두 명은 쓰러져야 교장 선생님의 말씀은 끝이 난다. 과연 긴 훈화에 전하고자 하는 메시지가 많았던 것일까? 같은 내용을 계속 길게 늘여서 말했을 뿐 핵심을 요약하면 몇 줄 되지 않는다. 1줄이면 될 메시지를 6~7줄로 늘려 말하니 시간이 끝도 없이 길어질 수밖에 없는 것이다.

자연스러운 말하기가 세련된 어투이다.

'이 연사 강력히 외칩니다.'를 가르치던 웅변 학원들도 2000년대 들어서면서 '스피치 학원', '리더십 학원' 등으로 간판을 바꿔 달았다. 말을 잘하려는 목적과 상황이 다양해지면서 소비자들이 점점 전문적인 교육을 요구하기 때문이다.

이승만 대통령 집권 전후인 1950~60년대에는 만연체(蔓衍體)로 가득한 복합문을 사용했다. 웅장하고 화려한 전형적인 웅변조를 사용하다 보니 한 문장의 길이가 길어 종결어미가 나오려면 한참을 기다려야 했다.

박정희, 전두환 대통령 시대에는 공식적(formal)이며 짧고 힘 있는 스피치 스타일이 등장했다. 그러다 노태우 대통령 시대부터 웅변조보다는 톤이 낮아진 부드러운 말하기 스타일이 공적인 말하기에 등장했다고 볼 수 있다.

김영삼, 김대중 대통령 시대에는 정서적인 요인이 스피치에 큰 영향을 미쳤다. 공식적인 상황에서도 말하는 사람의 정서나 어조(사투리)를 솔직하게 담는 스타일의 스피치가 확산되기 시작했다.

노무현 전 대통령은 소탈하고 솔직한 화법으로 국민에게 친근하게 다가섰고 박근혜 전 대통령은 차분한 어투와 안정감을 주는 대중 스피치를 구사했다.

대중을 설득하는 힘은 말에서 시작된다. 그래서 리더의 말은 품위가 있어야 하며 내용적으로도 현상을 정확히 분석하고 있어야 한다. 또 진정성이 느껴지는 자연스러운 어투로 표현해야 한다.

스티커처럼 귀에 딱 붙는 메시지

요즘 세대는 짧은 메시지나 '댓글'을 통해 즉각적인 방식으로 소통하기 때문에 단문 중심의 짧고 간결한 어투를 선호한다. 쓸데없이 길어지는 이야기는 청중을 지루하게 할 뿐이다. 특히 인사말과 축사는 간결하고 짧을수록 좋다. 축사나 강연 시 청중이 기억할 수 있도록 메시지는 던지는 방법은 다음과 같다.

첫째 '단순성'이다. 군더더기를 뺀 핵심 메시지를 말하는 것이다. 아무리 긴 연설이나 강의였다 하더라도, 결국 청중의 뇌리 속에 남는 것은 임팩트 있던 한두 마디이다.

링컨의 게티즈버그 연설 "국민의, 국민을 위한, 국민에 의한(government of the people, by the people, for the people)"이나, 마틴 루터 킹 목사의 연설 "나에게는 꿈이 있습니다(I have a dream)", 버락 오바마의 "우리는 할 수 있다!(Yes We Can!)"과 같은 핵심 메시지가 필요하다.

정치인들의 선거구호에서도 단순성의 법칙은 강력한 메시지를 준다. "문제는 경제야, 바보야(It's the economy, stupid)"는 1992년 미국 대선에서 그 어떤 구호보다 강력하게 각인되었다. 결국 이 덕분에 빌 클린턴은 당시 현직 대통령인 조지 부시를 누르고 승리를 거머쥐었다.

둘째는 '구체성'이다. 가급적 생생하고 실감나게 살아있는 표현을 쓰는 것이다.

세계 최고의 명품 루이비통(louisvuitton)은 명품에 대한 자부심이 대단한 브랜드다. 그러나 홍보전략은 상당히 구체적이다.

> "루이비통에는 세 가지가 없습니다.
> 우선 '세일'이 없습니다."
>
> (1년 내내 노세일이어도 잘 팔린다는 뜻)

"다음은 '아웃소싱'이 없습니다."

(대량생산이 아니라 이태리 장인이 한 땀 한 땀 정성스럽게 만든다는 뜻)

"끝으로 '짝퉁에 대한 관용'이 없습니다."

(가짜제품이 유통되지 못하게 철저하게 관리한다는 뜻)

구체적이고 생생한 스토리 역시 청중의 마음을 사로잡는다.

일본 아이모리현에 큰 태풍이 불었을 때의 일이다. 태풍 때문에 전체 사과의 2/3이 떨어져 버려 농부들은 망연자실해했다. 그런데 태풍에도 떨어지지 않은 1/3 사과에 "합격사과"라는 이름을 붙이자 다른 사과보다 10배가 높은 가격임에도 불티나게 팔려 나가게 되었다. 사과에 부여된 실감나는 스토리에 사람들의 마음이 움직인 것이다.

셋째는 '의외성'이다. 누구나 상상하는 그 이상이어야 기억하기 쉽다. 이른바 충격요법이다. 방송인 강호동 씨를 떠올려 보자. 데뷔 시절 그는 수더분하고 우직한 시골 청년과 같은 모습이다. 하지만 방송이 시작되면 그 누구보다 크고 높은 톤의 목소리, 과장된 리액션과 웃음으로 사람들에게 흥미와 기대감을 줬다. 이 의외성에서 오는 반전에 시청자들이 반응하는 것이다.

KBS 개그콘서트의 인기 코너였던 '감수성'은 전쟁터에서 나라를 지키는 비장한 장군들의 어울리지 않는 풍부한 감수성을 독특한 BGM과 함께 풍자해 큰 인기를 끌었었다. 유머는 메시지를 쉽게 기억하게 만든다. 기억해야 할 점은 예상을 빗나가는 '의외성'에 웃음이 유발될 수 있다는 사실을 기억하자.

넷째는 주제에 맞는 사례를 소개할 때 스토리텔링에 성대모사나 의성어, 의태어를 활용해 표현함으로써 청중의 머릿속에 시각적인 영상으로 남게 하거나 리듬감과 함께 각인시키는 방법이다. 이처럼 영상과 리듬의 이미지를 통해 표현을 보다 생생하게 하는 방법을 보통 수사법이라고 한다.

스피치에서 대표적으로 많이 쓰이는 수사법으로는 직유법, 은유법, 의인법 같이 청중의 머릿속에 그림이 떠오르게 하는 비유법이 있다. 또 단어의 첫 음절이나 끝 음절을 맞추어 핵심을 각인시키는 방법이나 말에 리듬을 만들어 청중의 귀를 즐겁게 하는 반복법을 사용할 수도 있다. 특히 한국어만의 감칠맛이 느껴지는 '보글보글', '보송보송', '쓰윽', '픽', '촉촉히', '달달한', '부들부들', '주룩주룩' 등 시각과 청각, 미각, 후각, 촉각 등 오감을 자극하는 표현도 이미지를 각인시킬 수 있다.

청중을 집중시키는 방법

1. 아이 컨택

청중을 중앙과 왼편, 오른편 세 구역으로 나누어 멀리 있는 사람에게까지 시선을 골고루 준다. 앞줄에 가깝게 앉아 있는 청중을 볼 경우 정면으로 눈동자를 바라보기 어색하면 상대방 얼굴의 미간을 본다.

2. 퀴즈

청중의 관심을 유도하기 위한 방법으로 난이도가 너무 높거나 낮지 않아야 한다. 난센스(non-sense)퀴즈가 좋다. 발표자의 유머 감각이 필요하다.

3. 실습

청중을 직접 참여하게 하는 방법이다. 자발적 참여를 유도하되 직접 의사표현을 하지 않은 청중이라도 호의적이거나 잘 할 것 같은 사람을 시킨다.

4. 동영상

동영상은 가급적 중요한 장면 위주로 30초~1분 이내로 짤막하게 편집한 것이 좋다. 연령대별로 관심 있어 할 내용이어야 한다.

5. 따라 하기

슬라이드나 자료를 직접적으로 가리키며 밑줄을 긋게 하거나 메모하도록 유도한다. 발표자의 말을 따라 해보게 하는 방법도 메시지를 각인시키는 방법이다.

과유불급(過猶不及), 정도를 지켜라

> 말은 적게 하고, 많이 듣고, 행동은 민첩하고
> 말은 신중히 생각하여 하라.
>
> – 공자 孔子 논어 (論語) 중에서

공적인 말하기는 친절하고 겸손하며 정중한 어법을 구사해야 한다. 그러나 '표현이 과하면 부족함만 못하다'는 사실을 염두에 두어야 할 것이다.

사실 우리나라는 겸양을 중시하고 주변상황을 잘 이해해야 대화의 맥을 짚을 수 있는 문화다. 하지만 요즘은 상황이 많이 달라졌다. 누군가 앞 뒤 문맥 없이 동영상 일부분을 찍어 공개하더라도 문제가 되지 않도록 표현에 신중을 기해야 한다. 특히 어법에 맞는 표현인지, 단어의 어원이 속어나 비어는 아닌지 신경 써야 한다.

사물존칭에 유의하자

개그콘서트의 인기 코너였던 '생활의 발견'에 이금희 아나운서가 출연한 적이 있다. 피자집으로 설정된 무대에서 종업원이 "주문하신 피자 나오셨습니다." 라고 하자 이 씨가 말한다. "피자는 물건이기 때문에 '나오셨습니다' 가 아니라 '피자 나왔습니다'라고 해야 맞는 표현입니다." 라고 알려준다. 언제부터인가 사람이 아닌 사물에 '-시'를 붙여 말하는 이른바 '백화점 높임말' 혹은 '사물존칭'이 자주 들린다. "이 가방은 30% 세일이십니다.", "커피 나오셨습니다.", "이 상품은 월정액 3만 5천원이시고요." 등이다. 어딘가 어색한 이러한 표현은 공적인 말하기를 구사할 때 주의해서 사용할 말이다.

방송에서도 이런 경어의 오류는 빈번하게 발생한다. 특히 토크쇼에서는 프로그램 대부분이 대화로 이루어지며 즉흥적으로 인터뷰하는 경우도 있어 더욱 주의를 필요로 한다. 연예인들도 이미지가 중요하고 시청자에 대한 예의를 중요시하기 때문에 '-시' 높임법을 자주 사용한다. 자신에게조차 높임법을 사용하는 것이다.

물론 이를 단순 말실수로 받아들일 수도 있다. 하지만 평소 상대방에게 높임 표현을 쓰는 것이 강박적 습관이 되다보면 공적인 상황에서도 높임법이 들어가지 않은 표현이 오히려 어색하게 느껴져 말하기 오류를 범할 수 있다.

높임법은 다른 사람을 높이고 상대적으로 자신을 낮추는 겸양의 표현으로 우리말의 예절을 담고 있다. 그러나 높임 표현을 너무 중요시한 나머지 정작 높여야 할 상대를 높이지 못하고 오류를 반복하는 것이 문제다.

경어는 국어사전 그대로 '상대에 대한 존경심의 표현'이다. 특히 윗사람과 대화할 때 긴장하다보면 어처구니없는 실수가 나오기도 한다. '새 차가 참 멋지십니다.'라고 말하는 것이 대표적이다. 여기서는 '새 차가 참 멋집니다.'가 바르다. 아무리 상사의 차라 할지라도 사물에까지 경의를 표할 필요는 없다.

적절한 높임이 현명하다

다음으로 언급하고 싶은 표현은 '님'의 남발이다. 대통령에 대한 호칭도 시청자 (국민) 앞에서 지칭할 때 '대통령님께서…'는 '대통령은…' 이라 해야 옳고 행사장에서는 적절히 '님'을 빼고 '대통령께서…' 정도로 사용하는 것이 좋겠다. 청와대 대변인이라면 '대통령은 오늘 수석 비서관 회의에서'로 말하는 것이 국민을 대통령 아래로 보지 않는 표현법이다.

방송에서는 진행자가 아래와 같이 말해야 한다.

"시청자 여러분, ┌ 오늘은 ○○○장관님께서 나와 계십니다. (X)
               └ 오늘은 ○○○장관을 만나보겠습니다. (O)
○○○장관님. 안녕하십니까."

즉 시청자(국민)에게 출연자를 소개할 때는 아무리 높은 위치에 있는 사람이라 할지라도 '님'을 붙여 예우하지 않으나 사회자가 출연자에게 직접 인사를 건넬 때는 '님'을 붙여도 무방하다.

잘못 사용하는 경어와 호칭의 대표적 사례로는 '제가 아시는 분', '저희 나라', 자신의 주관적인 생각이나 느낌을 말할 때 '…한 것 같아요' 등의 표현이 있다.

우리는 윗사람이나 타인에게 '저희'라는 말을 쓴다. 하지만 자기 회사 사장에게 "사장님. 저희 회사가 1등 했습니다." 라고 하면 안 된다. 말하는 이나 듣는 사람이 같은 소속일 때나 단체의 대표성이 있을 때는 '우리'라는 표현을 써야 한다. 공적인 말하기에서 자칫 실수하기 쉬운 '저희 나라', '저희 도(시)'의 경우 '우리나라'나 '우리 도(시)'로 사용해야 옳다.

'제가 비록 ~는 아니지만', '부족한 제가' 와 같은 형식적이고 과도한 겸양은 사족이다. '이미 알고 계시겠지만', '~했다면 심심한 유감을 표합니다.' 같은 상투적인 표현도 진정성 있게 와닿지 않는다.

한국말은 끝까지 들어봐야 한다?

끝까지 남의 말을 집중해서 듣기는 결코 쉽지 않다. 공적인 말하기에서 보다 핵심적으로 말하려면 두괄식과 간결체를 활용하는 것이 좋다. 가장 중요한 주제를 먼저 말하고 중요한 순서대로 언급하는 것이다.

오프닝이 길고 끝까지 들어야 주제를 파악할 수 있는 미괄식이나 수식어가 많은 만연체 화법은 좋은 사례가 아니다. 특히 미디어를 통해 공개되는 발언은 중간 중간 내용이 끊겨 전달될 수도 있다는 점을 고려해 단문을 쓰는 것이 좋다. 즉 쉼표(,)를 사용해 길게 말하지 말고 마침표(.)를 활용해 짧은 문장을 써야 군더더기 없는 핵심적인 말하기가 된다.

청중과 효과적인 커뮤니케이션을 원한다면 어휘를 신중하게 선택해야 한다. 같은 내용이라도 어떻게 표현하느냐에 따라 그 효과는 크게 달라질 수 있다. 좋은 표현이 되기 위해서는 정확하고, 적절하고, 명료해야 한다. (제 5장 '단어, 알고 말하자' 참고. 187p)

어려운 한자어나 외래어보다는 일상적인 쉬운 어휘로 바꾸도록 하고 길고 복잡한 문장 대신에 짧고 단순한 문장을 써야 청중에게 의미가 명확하게 전달된다. 추상적인 단어보다는 구체적인 단어를 사용하는 것 역시 언어 표현의 명료성을 높이는 방법이다.

공적인 말하기 경어법

1. 압존법

사원 입장에서 "사장님, 최부장님이 찾으십니다."라고 하지 않고 "사장님, 최부장이 찾습니다."
로 말하는 것이 압존법이다. 그러나 사원 입장에서는 부장님도 높은데 사장님보다 낮다고 해서
낮춰 말하기가 왠지 껄끄러울 수 있다.

'표준 언어 예절'에서 '압존법'은 가족 관계에서만 적용하는 것이 좋다. 예를 들면 "할아버지,
아버지가 왔습니다."이지만 직장 관계에서는 "사장님, 이것은 부장님이 만드신 것입니다."라고
해도 무방하다. 다만, 가족 관계에서도 교육 차원에서 "할아버지, 아버지가 오셨습니다."라고
말하는 것도 허용된다.

2. 사망한 인물에 대한 존칭

이미 사망한 인물에 대해 "홍길동 씨가 그리신 작품으로⋯."와 같이 표현하는 것은 옳지
않다. 객관적 제시를 나타내는 표현이기 때문에 '김홍도의 ○○○', '홍길동이 그린 작품'으로
표현한다.

3. 격식체와 비격식체

'안녕하십니까.', '어서 오십시오.', '반갑습니다.'와 같이 쓰는 '하십시오체'는 상대편을 아주
높이는 표현이다. 하지만 '빨리 인도로 나오시오.', '왜 꾸물거리시오?' 같은 '하오체'는
상대방을 보통으로 높이는 종결 어미이다.

마지막으로 '김 군. 이것 좀 연구해 보게. 혼자 할 수 있겠나?' 등의 '하게체'는 상대를 보통으로
낮추는 종결형이다.

공적인 말하기에서는 '안녕하세요.', '안녕히 계세요. 다음에 들를게요.'와 같이 상대편을 보통으로 높이는 뜻을 나타내는 비격식체보다는 아주 높임 표현의 '안녕하십니까.', '안녕히 계십시오.' 등의 격식체를 사용하는 것이 좋겠다.

청중이 원하는 것, 결론부터 말하라

지금 생각하고 있는 것을
말하기 위해 많은 말이 필요하다면,
좀 더 생각하라.

— 데니스 로쉬 Denis Roche (프랑스 사진작가)

우리나라 사람들은 '동방예의지국'이라는 수식어에 자부심을 느낀다. 그렇기에 우리는 방송에서 오프닝 멘트를 하듯이 누구를 만나면 항상 서두에 가벼운 인사치레를 길게 주고받는다. "오늘 날씨가 참 좋죠? 오는 길에 차는 막히지 않았습니까? 지난번에 뵈었을 때 보다 안색이 훨씬 좋아지셨어요."와 같이 말이다.

보고서(글)와 보고(말)를 따로 준비하라

사적인 자리에서는 이러한 인사치레가 별다른 문제가 되지 않는다. 문제는 이 화법이 직장에서 업무적 말하기나 공적인 말하기에서도 지나치게 적용된다는 것이다. 사설이 너무 길어서 요점을 침범해 버리는 주객전도 현상이 말하기 곳곳에서 나타난다.

그렇다고 다짜고짜 본질적인 이야기부터 꺼내면 너무 저돌적이다, 기본적인 예의가 없다, 사회성이 부족한 것 같다는 쓴소리를 듣기 십상이다. 그런데 아이러니하게도 우리는 '빨리빨리' 문화에도 익숙해져 있어서 결과를 빨리 듣기를 원한다. 동방예의지국과 빨리빨리 문화가 충돌하는 것이다.

공적인 말하기 자리에서도 이러한 실수가 나타나기는 마찬가지이다. 사설을 길게 늘어놓거나 자신의 감정을 지나치게 드러내며 호소하는 것, 같은 말을 반복하는 것 등 청중이 지루할 만큼 많은 말을 하지만 핵심은 뒤에 한두 줄뿐이다. 청중은 결과를 빨리 내려 주길 원한다.

의도가 어떠했고, 과정상에는 어떠한 어려움이 있었고 등을 구구절절 늘어놓기보다는 "결론을 이렇습니다."라고 말한 후에 설명을 덧붙여야 한다.

그래야만 소통이 제대로 이루어진다. 구구절절 앞에 수십 분을 소비해 버리고, 마지막 1줄로 결론을 내려 버리면 늦다. 청중의 집중력은 이미 떨어질 대로 떨어진 상태이기 때문이다.

공적인 말하기에서 사설이 긴 것은 자연스레 익힌 보고서 문화의 영향도 크다. 상급자들은 구두로 보고받기보다는, 서면으로 받기를 좋아한다. 그런데 보고서의 순서는 기획의도, 목표, 과정, 절차 등등을 걸쳐 맨 마지막에 결론이 나오는 형식이다. 항상 이런 보고서에 익숙하다 보니 말로 보고할 때도 그 순서대로 하게 되는 것이다.

가령, 회사에서 새로운 사업에 대한 프레젠테이션을 진행한다고 가정해 보자. 새로운 사업을 기획하게 된 의도와 배경, 왜 이 아이템을 진행해야 하는지, 현재 시장 상황은 어떤지 등을 이야기하며 전형적인 발단-도입-전개-절정-결말 순서를 따른다.

PPT를 "이 사업의 기대 수익률은 약 500%로, 20억 정도의 매출이 예상됩니다."로 시작하는 경우는 거의 없다. 하지만 이렇게 중요한 말로 시작해야 청중의 관심을 사로잡을 수 있다. '보고'는 말이지만 '보고서'는 글이기 때문이다.

꼭 기억하자. 공적인 자리에서 말할 때는, 결론적으로 중요한 말을 먼저 하고 부연설명으로 보충하는 형식이 바람직하다. '보고서 문화'가 명확하고 세련된 '보고 문화'로 정착될 수 있기를 바란다.

면접은 언변이 아니라 준비한 만큼이다

일생에서 말하기가 가장 중요한 순간 중 하나는 바로 면접일 것이다. 요즘은 평생직장이 아니라 수시로 이직이 이루어지고 신입 사원 면접뿐만 아니라 승진 면접도 중요해지고 있는 만큼 준비가 필요하다. 이러한 면접의 경우 듣는 사람은 소수지만 이들의 결정에 따라 면접자의 운명이 달라진다. 면접에서 말하는 것이 수많은 청중 앞에서 말하는 것보다 더 떨릴 수 있다.

면접에선 반드시 1분 이내 자연스러운 스피치를 하듯 말해야 한다. 질문하는 사람이 답변 시간을 적게 주는 것 같으면 30초 안에 다 말해야 한다. 결론부터 말해야 하고, 사족을 뺀 핵심만 제시해야 하고, 근거를 대야 하고, 귀에 꽂히는 단어를 언급해야 한다. 그런데 수많은 사람이 1분 스피치를 제대로 못해 후회한다. 이들이 공통적으로 늘어놓는 푸념은 '시간이 너무 짧다'는 것이다. 과연 그럴까.

TV에서 '1분(60초) 뒤 계속됩니다.'라는 코멘트와 함께 광고가 나온다. 이때 1분이 길게 느껴지는가, 짧게 느껴지는가. 대통령 후보 TV토론 때 사회자의 질문 당 후보자의 답변 시간은 1분 30초다. 그 시간이 충분하게 느껴지는가, 불충분하게 느껴지는가. 1분은 꽤 긴 시간이다. 1분 동안 제대로 말 못하는 사람에겐 2분이나 3분을 줘도 마찬가지다.

1분을 글자 수로 환산하면 대략 500자 내외다. 물론 사람에 따라 말하는 속도가 다르기에 딱 잘라 몇 자라고 단언하긴 어렵다. 신문기사를 읽어 보면 자신이 1분 동안 말하는 분량을 가늠할 수 있다.

막상 뭔가를 쓸 때 500자를 채우는 일은 결코 쉽지 않다. 어떤 주제로 내용이 겹치지 않게, 사족 없이, 500자를 써 보라. 그 안에 핵심 내용을 모두 포함시킬 수 있을 것이다. 500자는 단신 기사의 평균 분량이다.

장점이나 특성에 대한 설명은 3가지가 적당하다. 설명할 내용이 너무 많아 5가지가 될 수도 있다. 그러나 많으면 각인효과가 떨어진다. 콘텐츠가 아무리 많더라도 카테고리를 잘 나누어서 대표적 장점이나 특성 중심으로 3개씩 요약해야 전달력이 높다.

근거가 되는 사례를 드는 것도 중요하다. "저는 성실합니다."라고 추상적으로 말하는 것보다 성실하게 일한 과거의 경험적 사례를 말하는 것이 더 낫다.

> "저는 성실함이 가장 큰 장점이라고 생각합니다. 우선 전 학창 시절 내내 개근상을 놓친 적이 없습니다."

면접 스피치도 공적인 말하기다. 타고난 언변이나 컨디션에 의존하지 않고 얼마나 꼼꼼히 준비하느냐에 승패가 달려있다.

미래형 질문과 답변을 준비하라

리더의 입장에서 좋은 인재를 뽑고 싶다면 '과거형' 질문 보다 '미래형'질문을 하는 것이 바람직하다.

> "전 직장에서 어려움이 있었을 때 어떻게 극복했습니까?"
> "이력서에 이렇게 써 있는데 그때 어떻게 했습니까?"

이렇게 과거의 경험을 묻게 되면 지원자는 '문제 해결' 보다 '어떻게 말해야 하나' 에 집착하게 된다.

"만약 당신이 ~한 상황이라면 어떻게 하겠습니까?"
"현재 이런 상황이 주어진다면 어떤 선택을 하겠습니까?"

이러한 미래형 질문은 사고방식이나 유연성, 해결능력을 평가 할 수 있다.

면접자는 우선 1분 자기소개는 반드시 준비해 두어야 한다. 1분 스피치라 하더라도 45초 분량을 준비해 속도를 여유 있게 말하는 것이 훨씬 효과적이다. 너무 많은 내용을 말하려 하지 말고 핵심적인 내용만 구체적으로 전달하는 것이 좋다.

보여주고 싶은 '나'의 모습이나 경험을 선택해 진솔하게 표현하고 지원하는 기업에 대한 관심과 자신의 업무능력 강조한다. 전략적으로 직무와 나의 연결고리를 찾아 내가 이 일에 꼭 필요한 사람이라는 것을 증명하는 것이다. 근시안적 관점이 아니라 장기적으로 멀리 내다보고 긍정적인 이미지를 심어주는 것이 좋다.

면접관들이 면접 마무리에 단골멘트처럼 하는 질문이 있다. '당신을 뽑아야 하는 이유는?', '마지막으로 하고 싶은 말은?' 등이다. 이런 질문에는 자기소개나 지금까지 답한 내용 중 나타내지 못했던 매력이나 장점 등을 언급하면 좋다. 또 소신과 적극성을 드러내는 것도 방법이다.

하지만 친절한 면접관의 태도에 긴장을 풀고 엉뚱한 질문을 던지는 지원자들이 있다. 특히나 기업의 예민한 사항을 질문해 면접관을 당황하게 하는 것은 금물이다. 공적인 말하기는 적당한 긴장감을 유지하고 예의를 갖춰 말해야 한다는 점을 항상 주의하자.

면접 1분 자기소개

오프닝 : '나'에 대한 관심을 유도하는 시작 멘트이다.

본론 : 자신의 장점과 특징을 객관적인 사례와 함께 설명하되 직무능력의 적절성과 가능성을 보여준다.

클로징 : 입사 후 포부와 하고 싶은 일, 계획 등을 말한다.

인터뷰 질문 사례

WHY : 왜 지원하게 되었는지 (과거나 동기를) 묻는 질문이다.

WHAT : 무엇(어떤 능력)을 가지고 있는지 현재의 능력을 묻는 질문이다.

HOW : 어떻게(포부와 계획) 할 것인지를 묻는 미래지향적 질문이다.

예시

본인의 장단점을 분석해 보시오 (WHAT)

열정을 쏟아 성취한 일은 무엇입니까? (WHAT)

실패의 경험과 극복한 방법은 무엇입니까? (WHAT)

왜 이 일이 하고 싶습니까? (WHY)

목표를 이루기 위해 어떻게 할 생각입니까? (HOW)

CHAPTER

04

미디어와 소통하는
스피치 메이킹

대학에선 토론과 발표 수업이 많다. 입사시험에선 면접 비중이 높다. 직장에서 회의 때 침묵하면 과묵함이 아닌 무능함으로 비친다. 수주 경쟁이 치열해 프레젠테이션을 잘해야 일거리를 얻는다. 정치인도 공천 심사 위원들 앞에서 말을 잘해야 낙점된다. TV와 인터넷에서도 자연스럽게 말할 줄 아는 사람이 살아남는다. 소통이 경쟁력이다.

요즘 시대엔 TV나 라디오에 출연해 말하는 것이 청중 연설을 대체한다. 어떤 TV 프로그램에 출연했다고 치자. 자신이 말하는 순간에 시청률이 2%라면 적어도 전국에서 수십만 명이 지켜보는 셈이다. 채널이 늘고 프로그램이 다양해지면서 일반인도 곧잘 방송에 출연해 말을 한다. 직장인이 회사 업무로 방송 인터뷰에 응하기도 한다.

이제 미디어와 단절된 세상은 상상하기조차 어렵다. 또한 대중들은 과거와는 달리 여러 외신이나 다양한 매체를 접하고 있으며 유튜브나 팟캐스트 등 미디어 환경에도 익숙해졌다. 때문에 미디어에 대한 높은 수준의 감각과 보는 눈이 있다. 공적인 말하기 자리에서 보다 효과적인 설명과 소통이 이뤄지기 위해서는 미디어의 특성을 이해하고 다양한 전달법을 익혀야 한다. 미디어커뮤니케이션 능력은 타고난 언변(言辯)에 있는 것이 아니라 후천적인 노력의 결과물이라고 말하고 싶다.

울렁증은
극복할 수 있는가?

인생의 가장 큰 영광은 결코 넘어지지 않는 데 있는 것이 아니라 넘어질 때
마다 일어서는 데 있다. 용기란 두려움이 없는 것이 아니라, 두려움을 이기
는 것이다.

– 넬슨 만델라 Nelson Mandela (전 남아프리카공화국 대통령, 인권운동가)

　미국 샌디에이고 캘리포니아 대학 공동연구팀이 스피치에 대한 연구보고
서를 통해 여러 형태의 사회공포증 증상들을 밝혔는데 그 결과 사람들이 가
장 두려워하는 것은 '대중스피치' 즉 공적인 말하기로 나타났다.

울렁증의 원인을 해소하자

　누군가가 나를 지켜보는 것만으로도 움직임이 부자연스러워지는 경험은

모두가 있을 것이다 어느 정도의 긴장감, 약간의 울렁증은 누구나 가지고 있는 것이지만 이것이 사회생활이나 대인관계에 있어 문제가 되거나 자신의 능력을 폄하시키는 원인이 된다면 심한 스트레스로 작용할 수 있다.

잘하고 싶은 마음이 클수록 자신의 작은 실수에도 실망이나 좌절, 분노를 느끼게 된다. 하지만 그럴수록 스스로에 대해 따뜻하고 관대한 마음을 가져야 한다. 아직 닥치지 않은 상황을 상상하고 앞서서 두려움을 가늠하려 한다고 해서 울렁증이 잦아드는 것이 아니다.

우리의 뇌는 우뇌가 공간적응력과 감성을 맡고 좌뇌는 사고와 언어능력을 맡는다. 사람들 앞에 섰을 때 말이 막히는 것은 우뇌가 청중과의 거리에 적응하게 하는 동안 긴장과 공포로 인해 생각하고 말하는 기능의 좌뇌가 기능을 하지 못하기 때문이다. 이 때문에 입이 마르고 침 분비가 원활하지 않으니 호흡이 빨라지면서 말을 서두르게 되고 흐름이 깨진다.

실제 우리나라 직장인들 대부분은 각종 프레젠테이션이나 보고, 발표 때문에 스트레스를 받고 있는 것으로 드러났다. 중요한 발표나 방송출연 등을 앞두고 울렁증 때문에 준비한 것이 수포로 돌아간 경험이 있는가? 분명히 숙지한 내용인데 순간 아무것도 기억나지 않아 횡설수설하거나 고개를 숙인 채 써 온 원고를 읽는 '낭독습관'을 버리지 못하기도 한다.

내려놓음의 자세가 필요하다

생각만으로도 아찔해지는 경우, 아직 벌어지지 않은 상황을 상상만 해도 가슴이 두근거린다면 떨림 그 자체를 그냥 자연스럽게 받아들여야 한다. 나만 떨고 있다는 생각이 나를 고립시키기 때문이다. 내가 말할 때 아무도 나를 도와줄 수 없고 결국 모든 책임을 내가 져야한다는 강박증이 심한 울렁증으로 발전할 수 있다.

누구나 떤다. 그러니 나도 떠는 것은 당연하다는 생각으로 울렁증을 거부하려 하거나 감추려고 할 것이 아니라 오히려 드러내 버리는 것도 방법이다. 오히려 말로서 떨림을 표현해 버리면 부담이 줄어들게 되고 차츰 안정감을 찾게 될 것이다.

말을 시작하기에 앞서 호흡의 안정은 무엇보다도 중요하다. 100미터 달리기를 앞두고 출발선에 섰을 때 호흡이 가빠짐을 느껴본 적이 있을 것이다. 달리지 않았는데도 가슴이 뛰고 숨 쉬기 어려운 상황이 바로 극도의 긴장감 때문에 생기는 호흡 불균형 울렁증이다. 어깨를 들썩이게 되는 흉식호흡은 짧은 호흡 탓에 더 숨이 차게 되고 감정의 상태가 여과 없이 드러나니 주의해야 한다.

따라서 복식호흡을 통해 우선 호흡을 안정시키고 첫 음을 중저음 톤으로 자신 있게 내 보자. 일단 준비한 말을 시작하고 나면 차츰 안정을 찾을 수 있게 된다.

30년 이상 동안 가요무대를 진행해 온 김동건 아나운서도 방송 전에는 극도의 긴장감을 느낀다고 한다. 그러나 온에어에 불이 켜지고 막상 오프닝을 시작하고 나면 자기 페이스를 찾게 된다고 한다. 극도의 긴장감을 풀어 줄 수 있는 자신만의 마인드컨트롤 방법을 찾아 호흡부터 안정시키자.

긴장감을 해소하고자 청심환이나 알코올을 섭취하게 되면 몽롱한 상태로 인해 발음이나 적절한 표현 등 정확성과 순발력을 발휘해야 할 때 역효과가 날 수도 있음을 기억해 두자.

청중 앞에 많이 서 본 사람일수록, 즉 경험이 많을수록 잘할 수 있는 것은 당연하다. 그만큼 모든 상황에 익숙하기 때문에 안정감을 찾게 되고 부수적인 것에 신경 쓰는 대신 말의 내용에 집중하게 돼 만족스러운 스피치가 가능한 것이다.

자신이 떨고 있다는 생각이 들면 너무 잘하려는 의지를 버리고 말의 속도를 천천히 해 보자. 그리고 첫 멘트 1~2분은 완벽하게 숙지해 잠꼬대로 나올 정도로 외우고 또 외워라.

스피치의 시작이 어느 정도 매끄럽게 진행되면 울렁증이 슬며시 사라지게 된다. 그러나 시작이 원활하지 못해 긴장하게 되면 말이 빨라지게 되고 그러다 보면 발음이 꼬이고 생각도 뒤엉켜 머릿속이 하얗게 되는 '화이트 아웃'을 경험하게 될 것이다. 이를 사고의 단절이라고 하는데 일종의 대본 울렁증이다. 자신이 하고 싶을 말을 할 때는 떨리지 않으나 해야 할 말 즉, 외웠거나 전달해야 할 말을 할 때는 갑자기 아무것도 떠오르지 않는 것이다.

중요한 면접이나 회의, 프레젠테이션 등을 앞두고 어느 정도의 긴장과 불안감을 느끼는 것은 자연스러운 현상이다. 하지만 불안의 정도가 지나쳐 발표 하는 상황을 피하고 싶거나 준비한 내용을 다 하지 못한다면 자신감이 떨어지고 발표에 대한 나쁜 기억이 누적되어, 다시 발표에 어려움을 겪게 되는 악순환이 반복된다.

이 같은 울렁증은 발표 결과에 대해 지나치게 신경을 쓰거나 발표 시 얼굴이 붉어지거나 표정이 경직되는 것, 긴장할 때 습관적으로 나오는 행동 등이 대표적인데 발표가 끝난 후에도 긴장감이 쉽게 가라앉지 않는 등 다양한 형태로 드러난다. 울렁증으로 인한 발표불안이 지속될 경우 중요한 면접이나 회의 등 인생의 전환점에 놓인 중요한 순간에 불이익을 당할 가능성이 높아 시선회피, 사회공포증, 대인기피증으로도 이어질 수도 있다.

울렁증이 발생하는 원인은 과거에 경험한 나쁜 기억이 내면에 남아있기 때문인 경우가 많다. 과거에 발생했던 일이 의식 또는 무의식에 남아있을 경우 유사한 상황이 재현될 때 자신도 모르게 심한 불안과 공포심을 느끼게 되는 것이다. 특히 어린 시절 엄격한 가정환경에서 성장한 경우 남들 앞에서 말을 할 때 과거의 부정적인 기억으로 인해 불안과 초조한 감정을 느끼는 경우가 있고 스스로에 대한 기대치가 너무 커 완벽해야 한다는 강박증이 울렁증을 심화시키는 요인이 되기도 한다.

백문(百聞)이 불여일견(不如一見)이다

공적인 말하기, 미디어 스피치에서 기억할 점은 누구나 카메라나 청중 앞에 서면 떨린다는 점이다. 말을 직업으로 하는 사람들도 긴장은 피할 수 없다. 아무리 긴장을 피하려 애를 써도 경험이 부족하면 극복하기 어렵다. 다른 사람의 경험은 그 사람의 것이지 내 것이 될 수 없다. 내가 직접 경험한 것만이 내 것이 된다.

발표 시 적당한 긴장감은 문제가 되지 않으나 울렁증으로 인한 가장 큰 문제는 해야 할 말이 기억나지 않아 처음부터 끝까지 결국 고개를 숙인 채 써온 것을 보고 읽거나 아니면 횡설수설하다 말을 끝내 버리는 이른바 '카메라(청중) 울렁증'이다.

다시 한 번 강조하지만 '보고 읽는 것만큼은 피하라'고 권하고 싶다. 말과 글은 다르기 때문이다. 시 낭송은 문어체 그대로 표현해도 되지만 시에 대한 평론과 견해는 그대로 읽으면 안 되고 반드시 구어체로 바꾸어야 한다. 말의 내용이 아무리 훌륭해도 '원고를 보고 읽는 순간' 시청자는 조용히 채널을 돌린다. 소통이 이뤄지는 말하기를 하고 싶다면 보고 읽으면 안 된다는 사실을 꼭 기억하자.

미디어 울렁증 극복법

하나

카메라의 위치와 시선 처리할 부분을 체크하고 마이크를 켜고 끌줄 알아야한다. 방송이 익숙하지 않은 경우 카메라가 여러 대 있으면 어딜 봐야 하는지 몰라 생각이 분산된다. 방송 중에는 불이 들어오는 카메라를 보면 된다. 또 마이크에 따라 전원이 위에 달려있기도 하고 밑에 있기도 하다. 방송 장비에 대해 무지하면 필요 이상으로 긴장하게 되고 그 순간 시청자들은 불안해하고 신뢰감을 잃는다.

둘

마이크는 입에서 15cm 떨어진 곳에서 45도 각도로 맞춘다. 말하는 사람의 입 모양이 정확히 보여야 하고 불필요한 잡음이 들어가면 안된다. 음향을 담당하는 엔지니어는 소리에 민감하기 때문에 출연자가 마이크를 잘못 사용하는 경우 이를 지적할 수 있다. 노래방 습관처럼 마이크를 입에 대거나 두 손으로 마이크 잡지 않는다.

셋

방송 시작 전 충분히 긴장을 푼다. 사회자와 대화를 한다거나 다른 출연자에게 말을 건네는 등이다. 또 사소한 긴장요소를 제거해 주는 것이 좋다. 마이크 착용이 불편한 옷은 입지 않고 의자의 높낮이도 미리 확인한다. 손이 떨리거나 어색한 경우가 있으니 펜을 지참해 중심을 잡도록 한다. 단 테이블에 올려놓았을 때 굴러가는 펜이 아니어야 한다.

오늘 할 수 있는 일에 전력을 다하라. 그러면 내일은 한 걸음 더 진보한다.
힘을 내면 약한 것이 강해지고 빈약한 것이 풍부해질 수 있다. 내가 가치
있는 발견을 했다면, 다른 능력보다 참을성 있게 관찰한 덕분이다.

— 뉴턴 Isaac Newton (영국 물리학자, 천문학자)

나는 어떤 체질인가

공적인 말하기를 할 때 발표자 중에는 낙천적 무대체질과 소심한 완벽주의가 있다.

낙천적 무대체질은 대부분 발표 또한 무난하게 잘 소화해 낸다. 스스로에게 만족하기 때문에 웬만해서는 잘 떨지도 않고 주목 받는 것을 좋아하며

말이 길다. 하지만 좀처럼 변화되지 않고 발전이 더디다는 단점이 있다. 스스로에게 이미 만족하고 있으니 더 이상 노력할 필요성을 느끼지 못하기 때문이다.

반면 소심한 완벽주의자들은 공적인 말하기 자리에 엄청난 부담감을 느낀다. 완벽해야 한다는 강박도 있으니 더욱 떨 수밖에 없다. 본인이 완벽하게 준비되었다는 확신이 들지 않으면 웬만해서는 말하기 자리를 피하려고 한다. 그러나 불안한 만큼 준비성이 철저하고 경험의 횟수를 거듭할수록 눈에 띄게 발전한다는 장점이 있다. 또한 소심한 완벽주의자는 본인 스스로를 객관적으로 평가한다. 자기에게 만족하지 못하므로, 계속해서 분석하고 문제점을 개선하고, 발전을 도모해 앞으로 나아가는 것이다.

두 성격 모두 나름의 장점이 있다. 하지만 공적인 말하기에서 빛을 발하는 경우는 낙천적 무대체질보다는 오히려 소심한 완벽주의자가 많은 편이다. 소심하고 까칠한 이들이 경험을 통해 자신감을 얻고 능력을 계발해 나가기 때문이다.

필자가 강의를 다니며 조사해 본 바에 의하면 직업이나 위치에 따라 다를 수 있겠지만 낙천적 무대 체질은 10%에 불과하고 90%는 소심한 완벽주의자로 나타났다. 무대를 두려워하고 심리적 부담감을 느끼는 자신에게 문제가 있다고 생각하는가? 절대로 그렇지 않다.

다수의 소심한 완벽주의자들은 남들의 말하기를 지켜보며 객관적으로 평가할 수 있다. 장단점을 냉철하게 분석해 자신에게 적용할 수 있기에 어제보다는 오늘이, 오늘보다는 내일 더욱 발전하는 사람으로 거듭나는 것이다. 꾸준히 한 걸음 한 걸음 나아가 결국 토끼를 이긴 거북이처럼 조급해하지 말고 조금씩 나아가려는 자세가 중요한 이유이다.

프로는 연습량으로 말한다

메타인지(metacognition, 上位認知) 능력이란 자신이 아는 것과 모르는 것을 자각하며 스스로 문제점을 찾아내고 해결하는 능력을 말한다. 지식은 잠재적 힘을 지니고 있을 뿐 그 자체로는 힘이 될 수 없다. 따라서 내가 아는 것을 타인에게 말로 설명할 수 있어야 비로소 '안다'라고 인정할 수 있다. 즉, '아는 것이 힘이다'라는 말보다는 '아는 것을 다른 사람에게 잘 설명하고 소통할 수 있을 때 힘이 생긴다'라는 표현이 더 적절하다. 그렇다면 내가 아는 지식을 어떻게 다른 사람에게 효과적으로 전달할 수 있을 것인가?

공적인 말하기 능력은 자동차를 운전거나 자전거를 타는 것과 같이 연습과 훈련을 통해 습득 가능한 기술이다. 처음 배울 때는 모든 것이 낯설고 서툴러 두려움이 앞설지 모른다. 하지만 넘어질 때마다 용기를 내 다시 일어나 도전하다 보면 어느새 숙련된 자신의 모습을 발견하게 된다. 원리를 이해하고 그것을 바탕으로 꾸준히 연습하다보면 놀라운 굿 스피치를 구사하게 된다. 의식적인 행동과 말이 거듭된 훈련을 통해 무의식으로 드러나게 될 때 진정한 프로가 되는 것이다

그의 웅변을 들으면 모두가 혼을 빼앗겼다던 그리스 최고의 웅변가 데모스테네스(Demosthenes)는 선천적으로 웅변에 소질이 있었던 것이 아니라 부단한 연습과 노력으로 여러 가지 악조건을 극복하고 명연설가가 된 대표적인 경우다. 말할 때 어깨를 치켜 올리는 버릇을 고치기 위해 천장에 예리한 칼날을 매단 채 연습을 했고, 부정확한 발음과 말을 더듬거리는 습관을 고치기 위해서 입속에 자갈을 넣고 발음 연습을 하며, 불안정한 호흡을 개선하기 위해서 가파른 언덕을 쉴 새 없이 뛰었다는 일화가 전해진다.

20세기 최고의 웅변가로 꼽히는 윈스턴 처칠(Winston Churchill)도 심한 말더듬이었지만 지속적인 연습으로 이를 극복하고 국민에게 신뢰를 주는 위대한 연사로 거듭났다. 이 밖에도 우리에게 잘 알려진 에이브러햄 링컨

(Abraham Lincoln), 존 에프 케네디(John F. Kenedy), 마틴 루터 킹(Martin Luther King Jr.), 버락 오바마(Barack Obama) 같은 정치지도자들이나 스티브 잡스(Steve Jobs), 잭 웰치(Jack Welch) 같은 최고경영자들 역시 타고난 연사가 아니라 만들어진 프로 연사다.

누구나 TV 카메라 앞에 서면 떨린다. 해야 할 말도 잘 기억나지 않는다. 결국 고개를 숙인 채 써온 것을 보고 읽는다. 아니면 횡설수설하다 끝낸다. 이제 이 울렁증의 실체부터 파악해보자. 성격적 체질인지, 경험적 트라우마인지, 준비 부족에서 오는 자신감 결여인지, 의욕이 앞서는 욕심과잉인지 제대로 파악해 대비해야 한다. 그리고 모든 준비를 철저히 하고 시나리오 연습까지 마친 후 결국 마지막에는 '내려놓음'의 정신적 자세가 필요하다. 잘 해내고자 하는 욕심, 타인들이 나를 바라보는 기대감 어린 눈빛에 덤덤할 수 있는 사람은 존재하지 않는다.

일단 이 한 가지만 확실히 기억해도 마음이 한결 가벼워질 것이다.

"세상에 떨지 않는 사람은 아무도 없다! 그냥 연습하던 대로 하자"

마음의 부담감을 덜어내기 위한 나만의 방법을 찾고 내공을 쌓아야 한다. 프로는 떨어도 떠는 것처럼 보이지 않는다.

원고 숙지와 전달

고대 그리스 로마시대 이래로 행해진 웅변에서는 토씨 하나 틀리지 않고 다 기억했다가 대본대로 발표하는 암기를 선호했다. 과거에는 스피치를 할 때 군대에서 상관에게 브리핑하듯이 한곳에 부동자세로 선 채 한결 같은 표정과 자세, 판에 박힌 듯한 말투를 구사하는 것이 정석으로 여겨졌다. 이러한 모습에서 청중은 연사와 물리적 거리감뿐만 아니라 심리적 거리감을 느껴 소통한다는 느낌보다는 단절되어 있다는 느낌을 강하게 받는다.

요즘은 발표란 개념이 청중과 교감을 중시하는 공감 스피치로 바뀌면서 주요 내용을 숙지해 살을 붙이는 식으로 유연하면서도 탄력적인 전달이 각광받는다. 공적인 말하기에서도 내용을 충분히 숙지하되 암기해서 말한다는 인상을 주지 않는 것이 중요하다. 암기해서 말한다는 인상을 주면 청중과의 소통이 단절되는 느낌을 주기 때문이다. 또 아무리 완벽하게 외워도 막상 내 순서가 되면 아무것도 기억나지 않는 화이트아웃(white out) 현상을 경험하게 된다.

외우는 것이 익숙하지 않은 초보단계에서는 되도록 많이 반복해 통째로 외우는 훈련부터 시작하자. 그러다가 외우는 것이 어느 정도 익숙해지면 이제는 맥락을 파악한 후 단락별로 키워드를 체크해 익힌다. 그 키워드를 순서대로 조립해 말을 풀어나가면 달달 외우지 않아도 자연스러운 말하기가 가능해진다.

방송에서는 큐시트와 큐카드를 작성하는데 이를 활용해 연습하면 전체적인 내용의 흐름과 질문답변의 관계를 파악하는 것이 훨씬 수월해 암기하는 데 큰 도움이 된다. 또 발표자가 평소 사용하지 않는 단어를 외워서 구사하려고 하면 기억이 나지 않아 말이 막히기 때문에 어려운 단어는 익숙한 단어로 고쳐서 외우거나 에피소드 중심으로 원고를 숙지할 것을 권한다.

상황을 주도하는 미디어 스피치

인간에게 가장 중요한 힘은 표현력이며, 현대의 경영이나 관리는 커뮤니케
이션에 의해 좌우된다.
내가 무슨 말을 했느냐가 중요한 것이 아니라, 상대방이 무슨 말을 들었느냐
가 중요하다.

— 피터 드러커 Peter Ferdinand Drucker (미국 경영학자)

미디어 스피치는 번복이 불가능하다

언론에 끌려 다니지 않고 중심을 잡기 위해서는 먼저 브리핑의 내용을
200% 숙지하고 있어야 한다. 또한 보도자료를 1분 이내로 요약할 수 있을
정도로 완전히 내 것으로 만들어야 함을 물론이다.

또 갑자기 내용을 마음대로 변경하거나, 형식이나 질문에 있어 언론에 많은 제약을 주게되면 부정적인 결과가 나올 수 있다. 특히 중요한 사항을 브리핑함에 있어서 실수하지 않도록 복잡한 숫자나 한자, 고유명사 등을 정리한 원고를 별도로 준비하는 것도 좋은 방법이다.

출근길 라디오 시사 프로그램은 사회자가 출연자에게 질문을 던져 답변을 듣는 방식으로 진행된다. 이때 질문마다 답변 분량은 1분 이내가 적당하며 사례를 들어 자세히 설명할 필요가 있는 답변이라도 1분 30초를 넘지 않아야 한다. 이보다 길어지면 청취자는 지루함을 느낀다. TV는 더 짧다. 30초에서 1분 이내로 답해야 한다. 그렇다면 시간 제약이 있는 방송 인터뷰는 어떻게 답변해야 할까?

당연히 핵심만 이야기해야 한다. 반드시 언급해야 할 단어와 표현이 들어있는 핵심 문장만 기억해 두면 된다. 그리고 거기에다 살만 조금 붙여 말하면 된다. 얼마든지 자연스럽게, 그러면서도 내용이 알차게 말할 수 있다.

라디오를 들으면서 출연자가 말하는 내용을 소리 내 따라 말하는 것은 좋은 연습 방법이다. 핵심적이며 안정감 있는 말하기를 구사하는 유명인이나 출연자를 선별해서 꾸준히 모니터링 하다 보면 자신의 말투도 조금씩 바뀌는 것을 느낄 수 있다. 모니터링 또한 자신의 스피치 발전을 위한 필수적 공부다.

언론 브리핑 시에는, 등장부터 신경을 써야 하는데 이는 연단에서 강의할 때와 크게 다르지 않다. 등장과 인사 시에는 바른 자세로 걸어 나와 단상의 중앙에 선 후, 단상 옆으로 나와서 인사하도록 한다. 이후 항상 정중하고 바른 자세로 임해야 하며 질문이 틀렸더라도, 그것이 아니라는 손짓 몸짓을 하지 않는다.

제스처는 말하는 내용을 보완해 주고, 강조하는 역할을 하므로 중요한 이야기를 할 때 적절히 활용해 주면 효과적이다. 다만 손을 너무 빨리 움직이거나 손가락질 하는 제스처는 피한다. 눈 맞춤 또한 중요한 요소인데, 청중과의 눈 맞춤은 연사의 진실성을 표현해 주기 때문이다. 청중과의 교감을 위해서는 골고루 눈 맞춤을 하는 것이 좋다.

주도권을 놓치지 마라

전략적인 언론 커뮤니케이션을 위해서는 준비되지 않은 애드리브를 절대 삼가야 한다. 해당 이슈가 전혀 다른 방향으로 확대 재생산될 위험이 있기 때문이다. 기자에게 끌려가지 말고 준비한 핵심 메시지를 강조할 수 있도록 인터뷰 내용을 철저하게 관리해야 한다.

기자의 질문형태도 다양하다. 한 번에 한 가지씩 질문하는 것이 일반적이지만 실제상황에서는 한 번에 여러 가지 질문을 던지는 경우가 종종 있다. 이런 경우는 질문의 요점을 간단히 메모한 후 질문을 정리하며 하나씩 답변한다. 질문의 내용이 겹치는 경우나 곤란한 답변을 요하는 질문에 초점을 맞추지 말고 답변하기 쉬운 질문에 집중해 충실히 답변한다.

또한 확인되지 않은 부정적인 내용으로 답변자를 화나게 하거나 선택을 강요하는 무례한 질문이 있을 수도 있다. 이런 경우는 감정 컨트롤이 가장 중요하다. 기자의 질문에 동의하지 않음을 분명히 밝히고 부정적인 표현보다는 질문을 재해석해 긍정적인 해법이나 원칙 위주로 차근차근 설명해 주도권을 놓치지 말아야 한다.

말하는 이의 의도와 바람이 미디어를 통해 정확하게 전달되기 위해서는 기자와의 인간적인 공감과 긍정적인 관계가 필요하고 이를 일관되게 유지할 수 있는 매니지먼트가 필요하다.

말의 프레임은 상황을 어떠한 시각으로 바라보고 정의하는 지를 말하는 데 평소 내 견해에 대한 재해석, 표현을 바꿔보는 것도 중요하다. 가급적 긍정어로 리프레이밍 하는 훈련이다. 객관적인 사실을 바꿀 수는 없으나 그 사실을 통해 느낀 감정이나 메시지는 긍정적 해석이 가능하다. 표현이 바뀌면 말의 뉘앙스도 바뀌게 마련이기 때문이다.

기자들의 질문 형태는 대체로 부정적 뉘앙스가 많은 편인데 이를 정면으로 받아 답변하게 되면 역시 부정어가 먼저 나가게 되고 이를 듣고 바라보는 청중에게도 부정적 인식을 먼저 줄 수 있다.

> "방만한 경영으로 올해 실적이 저조하다는 데 사실입니까?" (부정적 질문)
> "올해 실적이 예상보다 저조한 원인을 물어보시는 것 같은데 답변 드리겠습니다." (질문의 재해석, 리프레이밍)

질문을 바꾸면 답의 뉘앙스도 달라질 수 있고 주도권을 놓치지 않을 수 있다. 바꿀 수 없는 전제가 있다면 질문을 바꾸면 된다. 긍정적으로 질문하면 긍정적인 답이 나오게 되어 있다.

청중(언론)의 부정적 반응에 대처하는 법

1. 잠시 멈춘다. 즉각 반응하지 않는다. 차분해질 때까지 기다린다.

2. 상대가 하는 말을 귀 기울여 듣는다.

3. 상대방의 이야기를 제대로 이해했는지 확인해 본다.

"제가 이해하기에 ~라고 이야기하신 것 같은데 맞습니까?"

4. 상대의 비난에 옳은 말은 없는지 생각해 본다. 전부 혹은 부분적으로 사실이 있는지 점검한다.

5. 만약 비난이 사실이라면 이를 인정하되 변명하거나 화를 내지 않는다.

6. 순수한 비판과 억지 비판을 구별한다. 만약 억지 비판이라면 상대의 말에 동의하지도, 반대하지도 않는다.

7. 자신의 말과 행동이 상대방에게 어떤 반응을 유발할지 미리 예상한 후에 발언한다.

실전 리프레이밍

기자들의 압박질문에 걸려들지 않기 위해서는 질문의 '프레임'보다 한 수 높은 '리프레이밍'으로 전환시키면 설득력의 힘이 생긴다. 리프레이밍은 어렵지 않다. 다만 생각이 나지 않을 뿐이다. 그러니 평소 어떻게 사고하고 있는지, 부정적 언어의 프레임이 습관이 된 것은 아닌지 자신의 언어습관부터 돌아볼 필요가 있다. 같은 말이라도 '아' 다르고 '어'다른 법이다.

소심하다 → 신중하다

거만하다 → 자신감이 넘친다

융통성이 없다 → 정직하다

말이 없다 → 차분하다

말이 많다 → 표현을 잘한다

수다스럽다 → 사교성이 있다

리더십이 없다 → 팔로우십이 있다

기계적이다 → 정확하다

독단적이다 → 추진력이 있다

종잡을 수 없다 → 사고가 다양하다

변덕스럽다 → 호기심이 많다

차갑다 → 냉철하다

가볍다 → 친근하다

우문(愚問)에도 현답(賢答)을 하라

사과는 모든 희망과 바람, 또 불안함의 가면을 벗겨낸다. 사과할 때 인간은 가장 인간다워지고 일상생활에서 쓰고 있던 가면을 벗고 진실한 얼굴을 하게 된다. 사과는 더 이상 약자나 패자의 변명이 아니라 '리더의 언어'로 바뀌어야 한다. 사과란 단지 잘못을 시인하고 용서를 구하는 행위 이상의 가치를 지녔다.

― 존 케이더 John Kador (영국 런던 정치경제대학 교수)

'묻고 답하기' 또는 '답하고 묻기' 등 브리핑과 인터뷰 상황도 조직이나 업무에서 흔하게 발생하는 상황이다. 특히 언론(또는 청중이나 질문자)에 끌려 다니지 않고 중심을 잡기 위해서는 먼저 브리핑 (보고, 발표) 내용을 충분히 숙지하고 있어야 한다.

또 현장에서 기자(질문자)들이 돌발적인 질문을 할 경우 당황하지 않도록 예상 질문 리스트를 미리 준비해 답변을 연습해 두는 것도 크게 도움이 된다. 그래야 우문(愚問)에도 현답(賢答)으로 대처할 수 있다.

인터뷰 공식이다

인터뷰는 가급적 30초 내외(1분이 넘지 않아야 한다), 4문장 정도로 답변한다. 답변이 길면 시청자(청중)가 이해하기 어렵고 장황해지기 마련이다. 반드시 핵심 포인트를 먼저 짧게 말하고 다음은 이유와 사례를 들어 구체적으로 설명하는 방식을 택한다. 그래야 중언부언(重言復言)하지 않고 말의 실수를 줄일 수 있다.

이를 프렙기법(PREP)이라 하는데 핵심(P: point) 답부터 짧게 말하고 다음은 이유(R: reason)와 부연설명을 밝히고 관련사례 (E: example)를 들어 청중을 설득시킨 후 다시 주제(P: point)를 강조하며 마무리하는 형식이다.

Q : 성공의 열쇠는 무엇이라고 생각하십니까?

A : 습관입니다. (P)

　 (왜냐하면) 작은 습관이 모여 큰 일을 이룰 수 있기 때문입니다.(R)

(구체적으로, 예를 들면) 한 번에 큰 돈을 벌려고 하지 말고 아끼는 습관으로 종자돈을 모아야 투자를 할 수 있고 돈의 가치를 소중하게 여깁니다.(E)

(그래서) 하루하루의 습관이 인생을 바꿀 수 있습니다.(P)

프렙기법을 활용해서 답변하면 말이 옆으로 새지 않고 중심과 방향을 정확하게 잡고 있기 때문에 오히려 어려운 질문에도 핵심을 비껴가지 않는 답변이 가능해진다.

특히 TV 인터뷰는 답변이 길어지면 녹화일 경우 편집이라는 과정을 거치면서 답변의 의도와 포인트가 어긋날 소지가 있고 화면을 많이 잘라냈을 때 편집한 티가 나면서 인터뷰의 신뢰도가 떨어진다. 생방송은 더욱 주의가 필요하다. 답변할 내용의 시간배분을 잘못하면 할 말을 다하지 못하고 서둘러 말을 끝내거나 사회자의 저지로 중간에 말을 끊어야 하는 사태가 생기기도 한다.

전화 인터뷰도 마찬가지다. 제한된 시간에 할 말을 다하려면 시간에 대한 감각과 연습이 필요하다. 말의 속도를 빠르게 해서 시간을 조율하는 것이 아니라 차라리 내용을 줄여 여유 있게 인터뷰하는 것이 효과적이다. 방송 중 사회자가 간단히 설명해달라고 요청했을 때 이를 무시하고 장황하게 하고 싶은 말을 다하면 이는 결국 청취자(청중)를 불편하게 하고 무시하는 행동으로 인식된다.

해명과 변명을 구별하라

위기상황이 발생한 경우에는 가급적 언론에 보도되기 전에 신속하게 대응할 필요가 있다. 조사한 내용과 현재 상황을 차라리 솔직하게 공개하고 대응책을 제시하는 것이 낫다. 단, 해명과 변명은 구별해서 말해야 한다.

> '○○는 문제가 도마에 오르자 적극적으로 해명(解明)했다. 하지만 별 뜻 없는 말이었다는 변명(辨明)에 국민들은 실망감을 감추지 못했다.'

당사자의 입장에서는 해명이지만 듣는 사람은 변명으로 들을 수 있다. 결국 설득력이 관건이다. 시청자(청중) 입장에서 들었을 때 화자의 말이 설득력이 있으면 '해명'이 되겠지만 설득력이 떨어지면 '변명'으로 들린다.

위기관리는 제대로 된 사과부터

매체환경이 변화하면서 정부나 기업, 기관 그리고 유명인들이 발표하는 사과형식의 발표나 언론응대가 늘어나고 있다. 심지어 개인 SNS를 통해서도 중대발표를 하는 등 그 유형도 다양화 되고 있다. 물론 뒤늦게 기자들 앞에서 직접 머리를 숙이며 '사과' 형식을 취하기도 하지만 위기관리 전문가들은 사과할 행위 자체를 미연에 방지하거나 조금만 더 발 빠르게 대응했더라면 더 큰 위기를 막을 수 있었던 사례는 무수히 많다고 지적한다.

예전보다 사과해야 할 경우가 많아진 이유는 매체환경의 변화 때문이다. 그만큼 사회가 투명해져서 거짓말이나 회피가 통하지 않는 환경이 되었다는 뜻이기도 하다. 여론을 형성하는 온라인 매체의 성장이 이를 뒷받침하고 있다.

하지만 공식적인 사과 자체가 하나의 '통과의례(ritual)'처럼 가볍게 인식되는 점은 안타까운 일이다. 부정적 논란에 휩싸였을 때 '사과'를 돌파 전략으로 택하는 경우가 흔한데 이런 방법으로 언론과 여론을 관리할 수 있다는 생각은 버려야 한다. "이번 일로 국민 여러분께 심려를 끼쳤다면 심심한 유감을 표합니다."와 같이 가정법을 쓰거나 진심이 느껴지지 않는 형식적 단어를 사용하는 것은 사과로 볼 수 없다.

기본적으로 '사과'란 그 내용에 있어 주체에게 불리한 내용들이 대부분이다. 따라서 중립적인 내용들로만 채워서는 그 효과나 수용이 부족하다. 심지어 더 큰 위기로 연결되기도 한다. 공적인 말하기에서 '사과'는 어떤 전략을 가지고 임해야 하는가.

우선 사과는 진정성이 느껴져야 한다. 진지한 표정과 정중한 자세, 누가 들어도 '사과'로 받아들일 수 있는 깍듯하고 군더더기 없는 사과를 뜻한다. "이번 일로 국민 여러분께 심려를 끼쳐서 죄송합니다. 진심으로 사과드립니다."와 같이 말이다. '죄송합니다.'와 같은 표현으로 종종 '송구스럽다.'를 사용하기도 하는데 이는 청중에게 모호한 느낌을 줄 수 있다. 자신의 잘못을 인정한다는 뜻과는 약간의 거리가 있기 때문이다.

다음은 수습과 재발방지를 위한 구체적 플랜을 제시해고 즉각적인 액션을 취해야 사과의 의미가 산다. 사과란 해당 주체가 상황을 엄중하게 받아들이고 있다는 의미를 전하기 위한 것이다. 더 나아가서 그 책임에 합당한 약속들을 이행하겠다는 의지를 밝히는 자리이기도 하다.

모든 인터뷰에 상세하게 답해야 하는 의무는 없으나 성실한 자세로 임할 필요는 있다. 답변하기 곤란한 질문에 회피하는 일반적 표현 중에 '제가 말할 사안이 아닙니다.', ' 아직 자세한 내용을 듣지 못해 모르겠습니다.' '지금으로서는 드릴 말씀이 없고 결과가 나와 봐야 알겠습니다.' 등이다.

같은 내용이라도 어떤 자세로 인터뷰에 임하느냐에 따라 청중의 마음이 바뀔 수 있다.

"제가 말할 사안은 아닙니다만 국민여러분께서 어떤 점을 궁금해 하시는지 알고 있습니다."

"자세한 내용을 파악해서 다시 말씀 드리겠습니다."

"지금 수사가 진행 중이라 조심스럽습니다. 현재 (이러이러한) 상황이고 (미래 언제)쯤 결과가 나오면 다시 말씀 드리겠습니다."

이와 같이 현재 시점에서 밝힐 수 있는 내용을 구체적으로 설명하는 것이 좋다.

미디어 트레이닝은 누구에게나 필요하다

언론환경이 바뀌고 취재방식도 다양해지면서 미디어트레이닝이 필요한 대상과 유형이 넓어졌다. 인터뷰는 CEO나 리더, 대변인만 하는 것이 아니라 실무자인 사원도 할 수 있기 때문이다.

미디어트레이닝은 언론과 원활하게 소통하기 위한 방법을 습득하는 공적인 말하기 훈련이다. '기자의 이런 질문에 대해 우리는 어떤 메시지로 대응해야 할 것인가?'에 대해 심도 있는 논의와 근거를 마련해야 한다. 또 어떻게 말해야 효과적으로 전달 할 수 있을지를 연구해야 한다.

언론은 본질적인 사건 외에 이면에 감춰진 비하인드 스토리(behind story)에도 관심이 많다. 따라서 사건의 관심을 살짝 돌릴 수 있는 기사거리를 제공함으로서 사건의 강도를 다소 완화시키는 효과를 얻을 수도 있다. 훌륭한 논객은 격렬한 토론이 벌어졌을 때도 전체를 보는 눈을 가지고 상황을 주도하며 적절히 화제를 전환하기도 하고 요점을 정리해 가며 내용을 조율할 줄 아는 것과 마찬가지다.

다양한 경험보다 좋은 훈련은 없다. 효과적인 인터뷰를 위한 미디어트레이닝은 기자와 인터뷰하는 방식을 그냥 한번 경험 해 보는 것이 아니라 어떠한 상황에서도 유연하게 대처하고 변화에 적응하는 훈련과정이 되어야 한다.

인터뷰 질문 유형과 답변 방법

좋은 인터뷰는 피의자를 대하듯 추궁하고 수사하는 자세가 아니라 인터뷰어(interviewer)와 인터뷰이(interviewee)가 서로를 배려하고 신뢰하며 진솔하게 대화할 수 있을 때 가능하다.

1. 열린 질문: 보통 HOW로 묻는 질문이어서 자유로운 답변이 가능하다.

~ 에 대해 어떻게 생각하십니까?

2. 닫힌 질문: 답을 정해 놓고 묻는 형식이어서 '예 YES' 또는 '아니요 NO' 식의 답변으로 연결된다.

~ 라고 생각되지 않으십니까?

정확히 답을 할 수 없을 경우 중간지대로 답할 수 있다.

반드시 그렇다고 단정 지을 수 없습니다.

또 질문이 지나치게 부정적일 경우 답변자가 질문을 재해석해 답변하는 것도 한 방법이다. 질문을 다시 만들면 주도권을 다시 잡고 말할 수 있어 유연해진다.

지금 하신 그 질문은 ~에 대한 내용인거 같은데 (~에 대해 질문하시는 것 같은데) 답변 드리겠습니다.

3. 동시다발 질문: 한 번에 여러 질문을 동시에 하는 경우이다.

> ～에 대한 이유를 먼저 설명해주시고, 덧붙여 ～에 대한 의견과 ～에 대해서도 말씀해 주십시오. 이런 경우 질문을 잊어버릴 수 있기 때문에 질문을 들으며 간단히 메모해둔다.

4. 양자택일 질문: 둘 중 하나를 선택하라는 질문은 답변자에게 부담을 주는 질문형태이다.

> ～입니까? 아닙니까?

> 이때 답변을 회피하거나 얼버무리지 말고 내가 알고 있는 상황까지만 언급한다. 또 객관적으로 봤을 때 상황에 따라 입장이 다를 수 있음을 덧붙여 피력한다.

5. 뻔한 질문: 상투적인거나 인사치레로 하는 질문이다.

> ～해서 좋으시죠?
> ～하지 않으시죠?

> 심지어 곤란한 질문을 하면서 '답변하지 않으셔도 됩니다' 라고 유도하기도 한다. 답변자는 어이없어 하는 반응을 보이지 말고 단답형이 아니라 성실하게 답변한다.

6. 압박 질문: 답변을 했음에도 상대방이 만족하지 않고 집요하게 파고드는 질문에는 불쾌감을 드러내지 말고 부드럽게 화제 전환을 유도한다.

> 민감한 사안이라 오늘은 이정도로 이해하시고 관련된 다른 ～도 궁금하실 것 같은데 말씀 드려도 될까요?

감정과 상상력을 유발하라

지식보다 중요한 것은 상상력이다. 나는 똑똑한 것이 아니라 단지 문제를 오래 더 연구할 뿐이다. 만약 당신이 어떤 것을 단순하게 설명할 수 없다면, 당신은 그것을 충분히 이해하지 못한 것이다.

— 아인슈타인 Albert Einstein (물리학자)

최근의 연구 자료에 따르면 '감정'지능이 효과적인 리더십에 있어서 매우 중요한 요소로 꼽힌다는 점을 앞서 언급했었다. 높은 감정지능을 소유한 리더는 자신이나 다른 사람의 긍정적인 혹은 부정적인 감정을 인식하고 있을 뿐만 아니라 이런 감정들이 생산적인 결과를 낳을 수 있도록 조치를 취한다.

또한 높은 감정지능을 소유한 사람들은 우선 정확하게 자기자신을 인식하고 있다. 스스로의 감정과 행동을 주시하고 상황에 알맞게 적응시킨다. 따라서 타인의 언어적, 비언어적 행동을 정확하게 관찰하고 해석하며 부정적인 사람들의 행위에 대해 치유적인 방법으로 대응한다.

논리보다 우위인 감성

말하기에 있어서도 전달력을 높이려면 때로는 감정을 유발해야 한다. 무덤덤하게 말하는 것보다는 따스함, 동정, 슬픔, 유머, 분노 같은 감정을 유발하는 편이 확실히 각인효과가 높다. 악플보다 무서운 것이 무플(無+reply, no comment)이고 연애할 때도 사랑의 반대말은 미움이 아니라 상대방의 '무관심'이라고 하지 않던가.

가장 기초적인 스피치가 논리스피치라면 그다음 단계는 설득스피치인데 감성스피치가 가장 어려운 단계다. 논리를 쥐고 있으면서 상대의 감정을 건드려야 하는 고단수의 기법이다. 선거에 출마하는 후보들이 선거기간 동안 공약을 아무리 논리정연하게 반복해 말했다 하더라도 마지막 유세현장에서는 결국 감성을 건드리는 스피치를 해야 한다. 감성스피치는 역전을 가능하게 만든다.

그러나 슬픔을 유도하되 본인이 먼저 눈물을 흘려선 안 된다. 마찬가지로 위트와 유머를 가미하되 본인이 먼저 웃음을 터뜨려선 곤란하다. 화자는 언제나 평정심을 유지하면서 오직 말의 내용으로써 청중을 울리고 웃겨야 하는 법이다. 이는 TV 프로그램 진행자가 눈물이나 웃음을 보이면 비난에 휩싸이는 것과 마찬가지다.

청중의 머릿속에 그림을 그려라

우리가 아는 명언들은 대부분 비유와 은유의 방법을 사용하는 경우가 많다. 이는 마음속에 더 깊이 각인되고 이해하기가 쉽기 때문이다

인과관계 없이 이야기하는 것 보다는 인과관계를 명확하게 들어서 설명하면 조금 더 상대방의 이해도를 높일 수 있을 것이다. '비유'는 직접적으로 유사함을 가지는 무엇과 비교하는 방법으로 "(마치) ~처럼"이라는 표현과 함께 쓰이고, '은유'는 표현하고자 하는 것과 관련이 있는 특성을 통해 비교하는 방법이다. 즉, 이해하기 쉬운 다른 말로 바꾸어 말하는 것이다.

이처럼 설명은 우리 삶에 있어서 자신의 입장과 목표를 피력하는 데에 중

요한 역할을 한다. 부부 사이에 의견 다툼이 있을 때 나의 입장을 설명해야 이해심이 생기고 문제가 원만하게 해결되고, 물건을 팔 때 제품에 대해서 정확하게 상대방의 필요에 맞추어 설명해야 실적을 올릴 수가 있다. 나의 설명이 누군가의 마음에 파고들어 행동의 변화를 일으키게 하는 것은 정말 대단한 일이다. 안정감 있고 부드러운 소리로 정확한 내용을 비유와 은유를 더해 이해하기 쉽게 설명한다면 청중의 마음을 움직여 태도를 변화시킬 수 있다.

최근 시대를 초월한 패션과 음악으로 시간여행자 등의 수식어를 얻으며 화려하게 재기한 가수 양준일은 팬들의 성원에 '감사합니다' 라는 표현과 함께 이렇게 말했다.

"여러분의 사랑이 파도처럼 저를 치는데 숨을 못 쉬겠어요."

이 얼마나 실감나는 표현인가.

고 김종필 전 국무총리도 많은 명언을 남겼다. 김 전 총리는 정치 현실과 본인의 심경을 담은 은유적인 표현을 자주 쓴 것으로 유명하다. '정치는 허업(虛業)이다', '서산 앞바다를 붉게 물들이겠다', '국민은 호랑이' 라는 유행어를 만들기도 했다.

고 노회찬 의원 역시 특유의 풍자와 유머를 곁들인 은유적 표현을 자주 사용했다. 메시지를 이해하기 쉽게 각인시키는 화법이다.

"우리나라랑 일본이랑 사이가 안 좋아도 만약 외계인이 침공하면 같이 힘을 합해야 하지 않겠습니까?"

이처럼 비유법은 전하고자 하는 메시지를 부드럽게 표현하면서 그 안에 날카로운 의미가 숨어있어야 한다.

오늘 내가 만나는 사람들과 이야기를 나눌 기회가 있다면 부드러운 목소리로 은유적 표현을 써서 상대방을 감동시켜 보자. 의미를 곱씹게 되므로 깊은 여운을 줄 수 있다.

"나에게 ○○는 ○○입니다."
"당신은 내게 ○○와 같은 사람입니다."

나의 감정과 상황을 직설화법으로 표현하는 것 보다 그 사람의 마음과 행동을 움직일 수 있을지 모른다.

스토리텔링 방법

1. 디테일한 묘사

영화 기생충의 성공 포인트 중 하나는 일명 '봉테일'로 불리는 봉준호 감독의 디테일한 표현력이다. 말하기에 있어서 스토리를 요약하다 보면 청중의 상상력을 불러일으키기 어렵다. 줄거리를 요약하되 부각시킬 부분만 장소, 날씨, 의상, 상황 등의 객관적인 디테일 묘사가 있어야 청중을 이야기 속으로 빠져들게 한다.

"2002년 여름이었어요. 월드컵 열기로 더 뜨거웠던 그 날 엄청난 인파가 강남역에 모였는데…."

2. 친근한 표현

발표자와 청중이 같은 문제에 대해 고민하고 공감한다는 것만으로도 자기편으로 만들 수 있다. 청중이 내 편이 되면 마음이 너그러워져 발표자의 사소한 실수에 관대해지고 이야기에 집중할 준비가 갖춰진다. '여러분'이나 '그들'이란 표현보다 '우리'라는 표현은 정서상 더욱 친근하게 다가 갈 수 있는 표현이다.

"우리가 살면서 가장 어려운 일은 인간관계입니다. 저도 그렇습니다."
"여기 계신 우리 시민들도 한 번쯤 겪어보셨을 겁니다."

3. 현장의 스토리

청중은 대개 수동적이고 경계심이 많다. 처음 보는 발표자와 유대감이 없는 것은 당연하다. 너무 진지하고 심각한 분위기 속에서는 발표자가 움츠러들기 쉽고 청중도 이성적인 잣대로 평가하려는 분위기가 조성된다. 이때 청중의 분위기를 부드럽게 풀어주기 위해서는 발표자가 먼저 행동으로 보여주는 것이다. 그런 다음 청중이 따라할 수 있는 기회를 주고 가장 먼저 반응을 보인 청중에게 기분 좋은 칭찬을 하면서 참여를 유도한다.

"칭찬받기보다 먼저 칭찬하십시오. (짝짝짝) 박수는 건강에도 좋으니까 우리 스스로에게 칭찬의 박수를 쳐볼까요?"

4. 매력적인 이야기

매력적인 스토리의 소재는 공감대가 있어야 한다. 흔한 소재는 아니지만 나와 같은 평범한 사람이 드라마틱한 위기를 겪는 과정에서 느낄 수 있는 희로애락(喜怒哀樂)이다.

스토리의 세 가지 요소는 '인물, 배경, 사건'이다. 또 기본 구성은 기승전결(起承轉結)이다. 이 중 기(起)에서 가장 중요한 것이 인물인데 캐릭터의 성격과 배경을 충분히 설명해야 한다. 그래야 '사건'이 힘을 받아 스토리가 잘 풀린다.

"오늘의 주인공은 바로 이것입니다. 저에겐 세상에서 가장 소중한 물건인데요, 제 몸에서 한 번도 떨어진 적 없는 저의 분신입니다."

액션플랜과
빅 & 스몰 토크

리더가 되고 싶다면 강해지되 무례하지 않아야 하고, 친절하되 약하지 않아야 하며, 담대하되 남을 괴롭히지 않고, 사려가 깊되 게으르지 않고, 겸손하되 소심하지 않고, 자신감을 갖되 거만하지 않고, 유머를 갖되 어리석지 않아야 한다.

– 짐 론 Jim Rohn (미국 성공 철학가)

정치의 현안은 대부분 보수와 진보 등의 세력이 첨예하게 갈라서는 경우가 많다. 그렇기에 정치인이 모두가 만족하는 답을 제시한다는 것은 어불성설이다. 여기서 가장 현명한 방법은 불협화음과 부작용을 최소화하는 것이다.

갈등을 한 번에 해소하기는 불가하기 때문에, 한쪽 입장에서 다른 쪽 의견을 무조건 반대하는 것이 아니라 액션 플랜을 세워 서서히 설득해 나아가야 한다.

실행 가능한 구체적 계획 제시

액션플랜(Action plan)이란, 목표를 달성하기 위해 '언제까지', '무엇을', '어떻게' 할 것인지 단계별 계획을 세우고 달성까지의 과정을 명확하게 제시하는 실행계획을 의미한다.

1단계에서는 이렇게, 2단계에서는 저렇게 진행해 최종적으로 이 목표를 달성한다는 구체적인 방안을 제시하는 것이다. 어떤 문제든 한 번에 해결될 수 없다는 사실을 인식하고 책임질 수 없는 발언은 삼가야 한다. 큰 그림만 제시하면 현실성이 없다는 비난을 받고 작은 그림만 제시하면 비전이 없다는 비난을 받기 십상이기 때문에 적절한 화법을 구사하는 것이 바람직하다.

"가장 큰 목표는 경제성장입니다. 이를 위해서 현장의 목소리를 듣겠습니다. 우선 분기별로 기업인들과 만남의 장을 개최하고 상반기 안에 규제완화를 위한 보완책을 마련하겠습니다."

"건강하게 살고 싶으십니까? 건강한 삶을 위해서는 균형있는 생활습관이 필요합니다. 수면습관과 스트레스 관리, 운동, 식단 관리 등 입니다. 오늘은 '건강하게 사는 법' 중에서 스트레스를 다스리는 방법에 대해 말씀드리겠습니다."

빅토크의 열쇠는 스몰토크다

빅토크(big talk)와 스몰토크(small talk)에 대해서도 한 번쯤 들어 보았을 것이다. 스몰토크는 날씨 이야기처럼 일상 대화 속에서 자연스럽게 등장하는 화젯거리, 일종의 수다이다. 반면 빅토크는 상대방의 협조나 행동 변화 등을 요구하는 목적이 있는 대화를 뜻한다.

결론적으로 가벼운 대화인 스몰토크를 잘 하는 사람이 큰 협상인 빅토크에도 강하다. 필자의 경험상 능력 있는 MC는 분장실에서 결정된다고 생각한다. 유능한 MC는 방송에 들어가기 전부터 출연자들을 챙기고 배려하며 먼저 말을 걸어 본방송에서 자연스러운 소통이 이루어지게 만든다. 반면에 분장실에서 권위적인 자세로 분위기를 딱딱하게 만들거나 인사조차 나누지 않은 상태에서 방송이라고 친한 척 연기를 하면 출연자들의 반응은 어색할 뿐이다.

정치권의 정책 조율 과정에서도 스몰 토크가 잘돼야 빅 토크 역시 가능하다는 점을 발견할 수 있다. 평소 일상적인 당·정·청간의 대화가 중요하다는 뜻이다.

사회학 대화분석(conversation analysis)에 따르면 실제 사람들의 대화를 축적해 분석해보니 대화는 무질서가 아니라 고도의 구조가 지배하는 세계라는 것이다. '한 명씩 이야기하라', '남의 말 끊지 말라', '말 너무 많이 하지 말라', '누가 질문하면 대답하라'와 같은 규칙들이 잘 지켜지도록 구성원들의 의식이 지배한다는 것이다.

어떻게 하면 상대방을 대화에 나서게 할까. 어떻게 소통해야 원활한 협상이 가능할까. 답은 좋은 질문을 하는 것이다. 좋은 질문을 해야 좋은 답이 나온다. 먼저 간단한 질문 몇 가지로 상대를 '중요한 사람'으로 느끼게 한다. 저 사람의 질문으로 인해 나 스스로가 중요한 사람으로 인식된다면 부정적인 반응이 할 이유가 없다. 다시 말해 예스(YES)나 노(NO)를 유도하는 질문이 아니라 상대가 관심있어 하는 흥미로운 내용을 열린 질문형태로 묻는 것이다. 가벼운 대화는 깊이 있는 대화의 전 단계다.

이를 정치에 대입하여 보면 어떨까? 한 국회의원이 "북한과의 관계 개선을 위해 최선을 다하겠습니다."라는 비전을 제시하는 것은 빅토크, "북한에 쌀 1만 톤(t)을 지원하기로 결정하였습니다."와 같이 구체적 방안을 언급하는 것은 액션플랜으로 대입할 수 있을 것이다.

누군가의 마음을 열기 위해서는 일상의 가벼운 대화가 가능한 질문을 준비해두자. 목적지향적인 묵직한 빅토크로 가기 위한 지름길이다. 어려운 현안을 풀어나가는 과정은 거창한 것들로 구성된 거대담론(巨大談論)이 아니다. 마음을 열고 '스몰토크'로 먼저 다가가서 구체적 '액션플랜'을 만들어 나가는 협상이다.

토의[討議]와 토론[討論]

'저출산을 해결할 수 있는 방법은 무엇인가?' 이때 수행되는 말하기 방식은 토의에 해당한다. 토의는 여러 사람이 모여 대안을 마련하기 위해 자유롭게 의견을 개진하는 공적인 말하기이다. 토의를 통해서 여러 가지 해결방안과 각 방안들의 장단점을 제시할 수 있다.

하지만 토론은 토의와는 약간 다르다. 토론은 대립하는 의견을 가진 양측이 존재하기 때문에 '상대를 설득하는 말하기'이다. 찬성과 반대 입장이 명확하게 나뉘는 논제를 바탕으로 이루어진다.

따라서 '저출산 문제를 해결하기 위한 출산장려금 지원'에 대한 찬반은 토론이라고 할 수 있다. 토론의 찬성 쪽에서는 출산장려금을 지원해주는 방식이 실제로 출산율을 높일 수 있는지 논리적으로 입증해야 한다. 다른 나라의 사례 혹은 실제로 효과를 본 지자체의 사례를 인용하여 설득한다. 반대 측에서도 출산장려금이 실효성이 없는 예산 낭비라는 주장을 뒷받침할만한 통계자료 등 구체적인 숫자를 들어 설명하면서 주장을 입증하도록 한다.

토론은 자신의 입장을 청중에게 설득하는 것이 최종적인 목표이다. 반면 토의에서는 상대방의 입장을 비판하기보다는 존중하고 아이디어를 제시하는 형태의 말하기이다.

적절한 인사말이 품위를 높인다

모든 사람에게 예절로 대하라.
그러나 소수의 사람과 친밀하라.

– 조지 워싱턴 George Washington (미국 1대 대통령)

수고(受苦)하세요

윗사람에게 '수고하셨습니다', '수고하세요.'라고 인사하는 사람이 많다. 그런데 이는 우리 언어예절에 어긋나는 인사법이다.

'수고'는 '고통을 받는다'라는 뜻을 가진 한자말 '受苦'에 그 어원을 두고 있다. 따라서 윗사람에게는 '수고하십시오'라고 말하지 않는다. 원래 '수고'

는 윗사람이 아랫사람에게 동정과 위로의 표시로 하던 말이기 때문이다. 언어란 변하기 마련이지만 그래도 아직은 윗사람에게 '수고'란 말을 쓰는 것이 적절치 않다.

윗사람에겐 '수고하십시오'란 말 대신 상황에 따라 '먼저 가겠습니다.', '내일 뵙겠습니다.', '먼저 일어나겠습니다.' 등으로 적절하게 바꾸어 표현하거나 감사의 의미로 '애쓰셨습니다.'로 표현한다. 반면 동년배끼리나 아랫사람에게는 '수고하게.', '먼저 갈게, 수고해.' 라고 표현하는 것도 무방하다.

한편 '뵙겠습니다'와 '뵙겠습니다'의 표기법에 대해서도 의견이 분분한데 간단히 정리하면 이렇다. '봬' 라는 단어는 '뵈어'의 줄임말이다. 때문에 '~요'라는 문장이 따라온다면 '뵈요' 가 아니라 '봬요' 가 맞다. 하지만 '내일 뵙겠습니다' '다시 찾아뵙겠습니다'처럼 '~ 하겠습니다'라는 표현을 사용할 경우 '봬'가 아닌 '뵈'를 사용해야 한다.

이 자리를 빌어? 빌려!

누군가에게 감사의 말을 전할 때 '이 자리를 빌어~'라는 표현을 쓴다. 이

때 '빌어'는 잘못된 표현이다. '이 자리를 빌어'는 '어떤 일을 하기 위해 기회를 이용하다'의 뜻을 나타내는 '빌리다'를 써서 '이 자리를 빌려'와 같이 표현하는 것이 맞다.

'빌어'의 기본형은 '빌다'인데 '남의 물건을 공짜로 달라고 호소하여 얻다'와 '소원이나 용서를 바라며 간곡히 청하다'란 뜻으로만 쓰인다. "이웃에게 양식을 빌다"나 "학생은 선생님께 용서를 빌었다"처럼 쓰는 말이다.

반면에 '빌리다'는 '남의 물건이나 돈 따위를 나중에 돌려주거나 대가를 갚기로 하고 얼마 동안 쓰다' '일정한 형식이나 이론, 또는 남의 말이나 글 따위를 취하여 따르다' '어떤 일을 하기 위해 기회를 이용하다' 등의 의미를 지닌 말이다. "은행에서 돈을 빌리다"나 "성인의 말씀을 빌려 설교하다"처럼 표현한다.

정년퇴임은 축하하는 마음으로

정년퇴임이란 행사가 현대 사회에 들어와서 생긴 것이라고 할 수 있기 때문에 정년퇴임에 대한 우리의 전통적인 인사말은 없었다. 그래서 정년퇴임을 하는 분이 자리를 떠나는 것을 위로해야 하는지 아니면 그동안의 공적과, 과오 없이 소정의 기간을 마친 것을 축하해야 하는지, 그 기본 정신에 대한 사람들의 의식을 올바로 헤아리는 것은 쉽지 않다. 사람마다 생활환경이나 건강 등에 따라서 인사말이 다를 수 있기 때문이다.

정년퇴임이 '축하할 일'인지 '위로할 일'인지 딱 잘라 말하기는 어렵지만 정년은 갑작스러운 일이 아니고 건강한 몸과 마음으로 과오 없이 성실하게 소정의 기간을 근무하고 정년에 이르는 것이기 때문에 축하의 인사가 상식적이라고 할 수 있다.

정년퇴임을 하는 어른께 하는 적당한 인사말은 축하의 뜻을 담은 말이 좋다. 즉 "축하합니다. 그동안 애 많이 쓰셨습니다.", "축하드립니다. 벌써 정년이시라니 아쉽습니다." 하고 인사하면 된다.

병문안 갔을 때는 진심을 담아

아플 때는 사람의 마음이 약해지고 신경이 날카롭기 때문에 어느 때보다도 사려 깊은 인사말이 필요하다. 또한 환자의 병이 가벼운 병인가 중한 병인가, 회복할 수 있는 병인가 아닌가 등 환자의 상태에 따라 문병 인사말이 달라질 수 있다. 그러나 가장 나쁜 상황에서도 털고 일어나리라는 희망을 갖고 있으므로 끝까지 마음에서 우러나오는 희망적인 말을 건네야 한다.

이 경우의 인사말은 환자가 있는 공간에 들어가자마자 하는 인사와 문병을 마치고 나오면서 하는 인사말이 다르고, 환자에게 하는 말과 보호자에게 하는 인사말이 다를 수 있다.

처음 환자를 대하고 하는 인사말은 "좀 어떠십니까?" 또는 "얼마나 고생이 되십니까?" 하고 정중하게 인사를 하고, 나올 때는 "조리 잘하십시오.", "속히 나으시기 바랍니다." 하고 인사를 한다.

보호자를 처음 대면해서도 "좀 어떠십니까?", "얼마나 걱정이 되십니까?" 또는 "고생이 많으십니다." 등을 상황에 따라 적절히 쓴다.

삼가 조의를 표합니다

많은 사람들이 문상을 가서 어떤 위로의 말을 해야 하는지를 몰라 망설인다.

실제 문상의 말은 문상객과 상주의 나이, 평소의 관계 등 상황에 따라 다양하다.

그러나 어떠한 관계 어떠한 상황이든지 문상을 가서 고인과 상주에게 절한 후 아무 말도 하지 않고 물러 나오는 것이 일반적이며 예의에 맞다.

상을 당한 사람을 가장 극진히 위로해야 할 자리이지만, 그 어떤 말도 상을 당한 사람에게는 위로가 될 수 없기 때문이다. 오히려 아무 말도 안 하는 것이 더욱더 깊은 조의를 표하는 것이 된다.

그러나 굳이 말을 해야 할 상황이라면, "삼가 조의를 표합니다.", "얼마나 슬프십니까?" 또는 "뭐라 드릴 말씀이 없습니다." 하고 인사를 한다. 이러한 인사말을 할 때는 크고 분명하게 말하지 말고 뒤를 흐리는 것이 예의이다.

더불어 떠들거나 건배하는 행위, 사진을 찍는 행동 등은 삼가야 한다.

'만나다'의 의미

공적인 말하기에서는 의미를 분명하게 알고 사용해야 한다. 한자말인 '조우(遭遇)'와 '해후(邂逅)'를 어색하게 사용하는 경우가 많은데 이럴 때는 우리말 '만나다'를 쓰는 게 자연스럽다.

'조우'는 '우연히 서로 만나다'라는 뜻으로 "길을 가다가 옛 친구를 조우했다"처럼 쓴다. 그리고 '해후'는 '오랫동안 헤어졌다가 뜻밖에 다시 만나다'라는 의미다. "부모 자식이 20년 만에 해후했으니 할 말이 얼마나 많겠니?"로 표현한다.

'조우'와 '해후'는 모두 우연성이 있다. 하지만 이산가족 상봉행사처럼 정해진 시간에 약속된 장소에서 만나는 경우에는 '조우'나 '해후' 대신 '상봉'이나 '만나다'를 쓰는 것이 맞다.

MEDIA SPEECH MAKING

CHAPTER

05

실수하지 않는
공적인 말하기

결론적으로 공적인 자리에서는 공적인 말하기 법칙이 필요하다. 듣는 사람의 생각이 다양하고 불특정하기 때문이다.

말실수로 도마 위에 올라 곤혹을 치루거나 치명타를 입어 회복 불능에 빠진 유명 정치인이나 연예인 등을 심심찮게 볼 수 있다. 말을 조심해야 한다는 것을 모르지 않을 텐데 왜 그런 황당한 실수로 생각지 못한 상황을 자초한 것일까? 자기중심적인 사고와 습관을 따랐기 때문이다. 또 그것을 비춰볼 만한 거울과 성찰이 부족했던 것이다.

그렇기에 공적인 자리에서는 그에 걸맞은 말하기를 준비하고 연습해 익혀야 하며, 한 치의 실수도 없어야 한다.

표준한국어,
바르고 품격있게

작은 일에 거창한 말을 사용하는 습관은 피해라.

– 새뮤얼 존슨 Samuel Johnson (영국 시인 겸 평론가)

언어는 한 시대를 비추는 거울이다. 어문규정은 사람들의 심리적 상태를 반영하여, 사회 구성원간의 합의를 거쳐 변화한다. 또한 한글은 세계에서 가장 과학적인 언어로 꼽힐 만큼 우리 국민 대다수는 자부심을 느끼고 있다. 하지만 이런 한글에 대한 자부심과는 별개로 거리를 지나다보면 비속어와 욕설로 가득한 청소년들의 대화를 들을 수가 있다. 욕설이 하나의 추임새처럼 청소년들에게 아무 거리낌 없이 쓰이고 있는 것이다.

습관은 벗을 수 없는 갑옷이다

터키 속담처럼 습관을 고치는 것이 무척 어렵다. 그 중에서도 잘못 습득된 언어습관을 고치는 것은 결코 쉬운 일이 아니다. 따라서 평소 말하기 습관을 잘 익혀야 공적인 말하기에서도 실수하지 않는다.

우선 쉬우면서 친근한 표현이 좋은 말하기다. 우리말은 한자어의 영향을 많이 받아 굳이 쓰지 않아도 되는 한자어를 남발하는 경우를 자주 볼 수 있다. 공적인 말하기 역시 무거운 한자어를 버리는 데서 시작해야 한다. 문어체에서 자주 사용하는 어려운 한자어 대신 일상에서 실천할 수 있는 것부터 하면 된다.

'주차위반 단속을 실시합니다.'
'일제 조사를 실시합니다'

보도자료나 정책자료를 보면 '실시'라는 단어가 반복적으로 쓰인다. 사족이라는 생각이다. '주차위반을 단속합니다'나 '일제히 조사합니다' 로 하는 것이 자연스러운 우리 어법이다.

'금명간'이란 말도 신문이나 뉴스에서 접할 수 있는 말인데 '이제 금(今), 밝을 명(明)'으로 '오늘이나 내일 사이'를 뜻하는 말이다. '금일, 금년, 명일, 명년' 같은 단어보다는 '오늘, 올해, 내일, 내년'으로 사용하는 것이 좋겠다. 마찬가지로 '금명간'도 '곧'이나 '오늘내일', '이른 시일 안에' 등으로 쓰면 더 쉽다.

공적인 말하기에서 이처럼 소수만 아는 전문용어가 공공언어로 포장돼 쓰이고 있는 현실은 우리말이 여전히 공급자 중심으로 사용되고 있음을 보여준다. 공적인 말하기는 사용자 중심, 청자 중심으로, 복잡하고 어려운 용어를 쉬운 말로 고치는 일 역시 포함된다고 할 수 있다.

상황에 맞게 적절한 표현을 사용해야 좋은 표현이라고 할 수 있다. 청중의 지식수준, 성별, 연령, 직업, 직위 등을 고려해 그들의 눈높이에 맞는 용어나 단어를 구사함으로써 청중이 내용을 보다 잘 이해할 수 있도록 도와야한다. 특히 성별, 나이, 인종, 종교, 정치적 신념 등과 관련해 모욕감이나 불쾌감을 불러일으킬 수 있는 단어나 표현은 삼가는 것이 좋겠다.

'너무'라는 말에 대한 의미도 수정되었다. '너무'는 '일정한 정도나 한계에 지나치게'로 되어 있던 것을 '일정한 정도나 한계를 훨씬 넘어선 상태'로 해석할 수도 있게 된 것이다. 사실 '너무'라는 말의 용례는 부정적 의미여서 '너무 싫다', '너무 못 생겼다'로 활용해야 하지만 정확하게 활용하는 사례는 드물었다.

대중들은 실제 언어생활에서 '너무 좋아!', '너무 예뻐.'라는 말을 쓰고 있는데 TV 자막을 보면 출연자가 한 말과는 다르게 '정말 예뻐!', '매우 좋다'. 표기하면서 시청자들을 의아하게 만들었던 것이다. 이제 말의 의미가 수정되면서 '너무 좋다, 너무 예쁘다'도 가능하게 되었으니 복잡한 해석은 필요 없어졌다.

불확실하게 얼버무리는 무의식적인 표현도 공적인 말하기에서는 바람직하지 않다

그렇게 생각되어 집니다. (X)
그렇게 생각합니다. (O)

제 이름은 ○○○라고 합니다. (X)
제 이름은 ○○○입니다. (O)

배가 고프지 않은 것 같습니다. (X)

배가 고프지 않습니다. (O)

　자신의 생각이 아닌 듯 '-되다'로 얼버무리거나 스스로 이름을 소개할 때도 '○○○라고 합니다.'라고 인용구처럼 표현하는 경우, 자신의 상태나 감정을 표현할 때도 부정확한 표현으로 '~ 같습니다.'를 무의식적으로 사용하는 것은 지양해야 한다.

　공문서라고 볼 수 있는 문장에서도 이러한 표현을 쉽게 접할 수 있는데 이렇게 표현하면 자신의 생각인 듯 아닌 듯 내보이는 것이다. 하지만 이러한 표현은 어법에 맞지도 않을 뿐더러 책임을 지고 싶지 않은 심리가 엿보인다. 이런 태도가 엿보이는 표현에는 청중의 신뢰를 얻기 어렵다. 그만큼 말에 자신이 없다는 뜻이 된다.

　한글이 세계 제1의 으뜸 글자로 각광받고 있다. 전 세계 한국어 사용자 수가 12위권에 올라 있고, BTS 한류 열풍과 함께 한국어를 배우려는 사람들이 나날이 늘어나는 추세다. 한글이 더 많이 쓰이게 될 미래를 내다보며 바르게 쓰고 잘 가꾸어 나가는 노력을 기울여야 할 때이다.

잘못 사용하기 쉬운 표현

표준 한국어를 바르게 쓰는 것은 공적인 말하기의 기본이다. 실수하지 않기 위해 평소 바른 표현을 익혀두자.

잘못된 표현 (X)	옳은 표현 (O)	잘못된 표현 (X)	옳은 표현 (O)
강남콩	강낭콩	도찐개찐	도긴개긴
건데기	건더기	돋구다	돋우다
건들이다	건드리다	돌맹이	돌멩이
과부화	과부하	동거동락	동고동락
과씸하다	괘씸하다	무릎팍	무릎
구비구비	굽이굽이	밑둥	밑동
그닥	그다지	번번히	번번이
날자	날짜	붓기	부기
내노라하는	내로라하는	삼가하다	삼가다
뇌졸증	뇌졸중	쑥맥	숙맥
눈꼽	눈곱	안절부절하다	안절부절못하다
단촐하다	단출하다	오뚜기	오뚝이
당췌	당최	우뢰	우레
댓가	대가	설겆이	설거지

단어, 알고 말하자

노력하지 않고 얻어지는 지식은 아무리 많이 쌓여도 무익한 것이다. 박식함은 열매를 맺지 못하는 무성한 잎에 불과하다.
그러나 자기 자신의 힘으로 얻은 지식은 머리 속에 자취를 남기는 법이다. 우리는 그 지식에 의하여 우리가 갈 길을 알 수 있게 된다.

– 리히텐 베르크 Lichtenberg (독일 계몽주의 사상가)

표준어의 정의는 '우리나라에서는 교양 있는 사람들이 두루 쓰는 현대 서울말'이다. 그렇다면 '교양 있는 사람'이 '두루 쓰는 현대 서울말'은 과연 변하지 않을까? 그 의미가 변질되어 버린 단어도 있을 것이고, 사장되어 버린 단어나 여전히 잘못 알고 사용하는 단어, 새롭게 만들어지는 말들도 끊임없이 나타날 것이다.

오지랍? 오지랖!

신입 사원 면접에서 "저는 주변에서 오지랖이 넓다는 말을 자주 듣습니다."라고 자기소개를 하는 지원자들이 있다. 만약 면접관이 "지원자는 꽤 오지랖이 넓으시군요?"라고 되물어본다면 기분이 어떠한가? '오지랖'이란 표현의 어감은 유의해서 사용해야 한다.

'오지랖'이란 자기랑 상관없는 일에 여기저기 참견하고 나서는 사람을 말한다. 원래는 '옷의 앞자락'이란 뜻으로 옷의 앞자락이 넓으면 그만큼 다른 옷을 많이 덮게 되는 모양을 빗대서 남의 일에 관심이 지나쳐서 도움이 되기보다는 오히려 귀찮게 하는 결과를 가져올 때 쓰는 부정적 표현이다.

'오지랖이 넓다'고 말할 때는 발음에 주의해야 한다. '오지랖'이 옳은 표기법이기 때문에 'ㅍ' 받침이 연음되어야 한다. 예를 들어 '오지랖이 넓다.'는 [오지라피 널따]로 발음한다.

고맙습니다 vs 감사합니다.

끝까지 들어주셔서 감사합니다.
시청해 주신 여러분 고맙습니다.

공적인 말하기에서 자주 표현하는 이 말은 상대방을 존중하는데 있어서
어떤 어감의 차이가 있을까? 결론적으로 차이가 없다. 다만 '고맙습니다.'는
우리말이고 '감사합니다.'는 감사(感謝)라는 한자어가 들어있을 뿐이다.

우리말에 비해 한자어가 더 높임말이라는 의식이 확대 적용되어 '감사합
니다'가 더 존중하는 말처럼 들린다는 생각은 잘못된 것이다.

다만 '고맙다'는 형용사에 속하지만, '감사하다'는 형용사와 동사 두 가지
로 쓰인다는 것이 차이일 뿐이다. 다시 말해 '감사하다'는 명령어인 '해라'체
와는 결합하지 않는 제약이 있다.

도와줘서 감사해. (X)
도와줘서 고마워. (O)

주구장창? 풍지박산?

"주구장창 술만 먹고 게임만 할거니?"라는 표현은 잘못됐다. 아직까지 주구장창은 표준어에 등재되어 있지 않기 때문이다. 따라서 '주구장창'은 '주야장천(晝夜長川)'으로 고쳐야 사용해야 한다. 이 말의 뜻은 '밤낮으로 길게 이어진 시내'라는 한자어로 '밤낮으로 쉬지 않고 연달아'란 의미로 쓰인다.

"집안이 아주 풍지박산 났어!"에서 '풍지박산' 역시 '풍비박산(風飛雹散)'으로 고쳐 사용해야 한다. 이 말은 '바람 풍, 날 비, 우박 박, 흩어질 산'의 한자어를 사용해 '사방으로 날아 흩어짐'이란 뜻의 사자성어로 의미를 과장해서 사용하지 않도록 유의한다. 또 다음과 같이 고쳐 쓸 수도 있다.

주야장천으로 전화가 오네.

(시도 때도 없이 전화가 오네)

가문이 풍비박산하여 불우하게 보냈다.

(가문이 엉망이 되어(무너져) 불우하게 보냈다)

가르치다 & 가리키다

"앞으로 잘 가르켜 주세요."와 "내가 가리켜 줄게."는 모두 틀린 표현이다. '가르치다'와 '가리키다'는 분명히 구분해서 사용할 할 말인데 잘 지켜지지 않는 표현이다.

'가르치다'는 아는 사람이 모르는 사람에게 지식이나 기술같은 것을 알려줄 때 쓰는 말이다. 또한 그릇된 것을 바로잡아 줄 때도 사용한다. 반면 '가리키다'는 방향이나 대상을 짚어서 말할 때 쓰는 말이다. 구분해서 기억해두자. 모르는 일은 '가르쳐' 주고, 방향은 '가리켜' 준다.

> 공부 가르쳐 주세요. (O)
> 이런 경우를 가리켜 말한다. (O)

'어따', '댑다', '대빵'

일상 대화에서 흔히 사용하는 말 중에 '어따'라는 표현이 있다. '어따대고'나 '어따 두었는지 모르겠다'처럼 쓰는 '어따'의 바른 표현은 '얻다'이다.

'언다'는 '어디에다'가 줄어든 말이다.

'대따', '땝다' 역시 잘못 사용하는 단어 중 하나인데 '그 사람 목소리 땝다 크다', '오늘 땝다(대따) 고생 했다'로 사용한다. 그러나 '땝다'는 표준어가 아니다. '아주' 정도로 바꿔 써야 한다.

'크게 또는 할 수 있는 데까지 한껏'이라는 뜻을 나타내는 말이 '대빵'이다. 하지만 '대빵'은 어떤 계층이나 부류의 사람끼리 사용하는 말인 은어이기 때문에 공적인 말하기에서는 사용하지 않도록 한다.

> 어따 대고 막말이야. (X) → 어디에다 대고 막말이야. (O)
> 기분이 땝따 좋다. (X) → 기분이 아주 좋다. (O)
> 집이 대빵 크다. (X) → 집이 엄청 크다. (O)

티미한 사람? 투미한 사람?

"그렇게 티미한 사람과 같이 할 수 있겠나"라는 말을 들어본 적이 있는가? '투미하다'를 '티미하다'나 '트미하다'로 쓰기도 하는데 이는 모두 표준어가 아니다.

‘티미한 사람’이나 ‘말을 티미하게 한다’처럼 쓰는 ‘티미하다’는 ‘어리석고 둔하다’를 뜻하는 ‘투미하다’의 경상도 사투리다. ‘티미하다’를 영어 ‘timid’(소심한, 용기가 없는)에 ‘하다’를 붙인 말 정도로 아는 경우가 많은데 영어와는 관계가 없는 말이다. ‘맺고 끊는 데가 없이 분명하지 않고 똑똑하지 않다’라는 의미다. 아래와 같이 순화하면 적당하겠다.

　　　돈 거래가 티미해서 안 된다. (X)
　　　돈 거래가 분명하지 않아서 곤란하다. (O)

어리버리 → 어리바리

‘어리버리하다’는 ‘어리바리하다’가 표준말이다. 사람들은 ‘말이나 행동이 다부지지 못하고 어리석은 사람’이란 의미로 ‘어리바리하다’를 주로 쓴다. 하지만 이 말에는 ‘정신이 또렷하지 못하거나 기운이 없어 몸을 제대로 놀리지 못하고 있는 상태’를 가리키는 말이라 실제 생활에서 쓰이는 의미와는 차이가 있으니 유의하자.

어리바리한 모습으로 길을 헤매고 있다. (O)

사단? 사달!

예상치 못한 사고나 탈이 생겼을 때 흔히 '사단이 났다'고 한다. 하지만 '사단'은 잘못된 표현이고 바른 표현은 '사달이 났다'이다.

사단(事端)은 '일이나 사건을 풀어 나갈 수 있는 첫머리'를 의미한다. 단서(端緒) 또는 실마리로 바꿔 쓸 수 있다. '어떤 일이 발생한 원인이나 실마리를 표현하고 싶을 때 쓴다. 주로 '사단을 찾다' '사단을 구하다' '사단이 되다'와 어울려 쓰인다.

반면 '사달'은 사고나 탈을 뜻하는 순우리말이다. '사달이 나다'에서 '나다'는 '생기다' '발생하다' 는 의미로 쓰인다.

그 일 이후 결국 사달이 나고 말았다 (O)

바램? 바람!

　'우리 만남은 우연이 아니야 그것은 우리의 바램이었어~.'

　국민가요로 불리는 노랫말의 일부이지만 여기서의 바램은 '바람'으로 사용해야 한다. '생각한 대로 어떤 일이나 상태가 이루어지거나 그렇게 되었으면 하고 기대하다'란 뜻으로 '바래다'를 많이 쓰는데 이때 쓰인 '바래다'는 '바라다'의 잘못이다. 명사형도 '바램'이 아니라 '바람'이 옳다. 글로 표현할 때도 '바라' '바랐어' 등으로 활용하는 것이 어색해서 '바래'를 사용하지만 '바라다'와 '바래다'는 의미가 서로 다른 말이다.

　희망을 나타내는 '바라다'는 "네가 성공하길 바라" "시험에 합격하기를 바라요"로 사용한다. "대가를 바라고 너를 도운 게 아니다"처럼 말이다.

　이에 반해 '바래다'는 '햇볕을 받아 색이 변하다'란 뜻이다. "종이가 누렇게 바랬다"나 "새 옷이 볕에 바랬어"로 쓰이며 명사형은 '바램'이 된다.

　이것이 저의 마지막 바람입니다. (O)
　한복의 색 바램이 우아하다. (O)

설레임? 설렘!

새해를 맞는 '설레임'에서 쓰이기도 하고 아이스크림 이름이기도 하다. 자동차 광고에도 등장하고 지하철에 붙어있는 겨울 축제나 스키장 홍보에도 '설레임'이란 말이 등장한다. 하지만 여기서 '설레임'은 바른말이 아니다. '설렘'이 맞는 말이다. 기본형이 '설레이다'가 아니라 '설레다'이다.

'설레다'를 '마음이 가라앉지 않고 들떠서 두근거리다'라는 뜻으로 내 마음이 들뜨는 상태인데 이것은 내 스스로 감정을 일으키는 것이지 누가 나에게 설레라고 강요해서 그런 것이 아니기 때문에 피동을 뜻하는 접사 '이'가 붙을 이유가 전혀 없다. 따라서 '설레이는'은 '설레는'으로 사용해야 하며 '설레다'의 명사형은 '설렘'이다.

　　새해의 설렘이 기분 좋다. (O)
　　설레는 일이 있었으면. (O)

장이와 쟁이

'욕심쟁이'와 '욕심장이'. '멋쟁이'와 '멋장이' 어떤 말이 맞을까? 어떤 경우에 '장이'를 붙이고, 어떨 때 '쟁이'를 쓰는 것일까?

우선 '장이'는 어떤 일과 관련된 기술을 가진 사람의 뜻을 더할 때 쓰는 접미사로 기술자를 가리키는 말이다. 반면 '쟁이'는 사람의 성질, 독특한 습관, 행동, 모양 등을 나타내는 말 뒤에 붙어서 그 사람을 낮잡아 일컫는 말이다. 난쟁이나 글쟁이도 남을 낮잡아 부르는 말이므로 공적인 자리에서는 사용하지 않아야 한다.

> -쟁이: 욕심쟁이, 멋쟁이, 겁쟁이, 깍쟁이.
> -장이: 옹기장이, 대장장이, 토기장이.

든지와 던지

"남들이 뭐라고 하던지 말던지 저는 결심했습니다."에서 '하던지 말던지'는 '하든지 말든지'로 고쳐 써야 한다.

먼저 '-든지'는 '나열된 동작이나 상태, 대상들 중에서 어느 것이든 선택될 수 있음을 나타내는 연결 어미'이다. 즉 '선택이나 조건'을 나타낼 때 '-든지'를 쓴다. 예를 들어 "가든지 말든지 해라"처럼 말이다.

하지만 '-던지'는 '막연한 의문이 있는 채로 그것을 사실이나 판단과 관련시키는 데 쓰는 연결 어미'이다. 즉 지나간 일을 회상하는 일이면 '던지'를 써야 한다. "얼마나 춥던지 잊혀지지 않는다.", "얼마나 긴장을 하던지 걱정되더라."처럼 사용한다.

정리하자면 '-든지'는 '선택의 상황'에서 쓰고, '-던지'는 '지나간 일을 회상할 때' 쓰는 말이다.

굵든지 먹든지 마음대로 해 (O)
어찌나 배가 고프던지 (O)

엄한 사람?

"왜 엄한 사람 잡고 그래?"와 같이 일상생활에서 '엄한 짓'이나 '엄한 사람'이라는 표현을 자주 듣는다. '엄한'을 '엉뚱하다' 정도의 뜻으로 알고 있는 것 같은데 '엄한'은 '엉뚱하다'란 의미와는 전혀 상관이 없는 말이다. 따라서 '엄한'이란 말 대신 '애먼'을 써 '애먼 짓'이나 '애먼 사람'이라고 해야 맞는 말이 된다.

'며느리에게 엄한 시어머니'처럼 '성격이나 행동이 철저하고 까다롭다'란 뜻으로 '엄하다'를 쓸 수는 있다.

애먼 사람에게 누명을 씌우다 (O)

'탓'과 '덕'

'잘되면 제 탓, 못되면 조상 탓'에는 무엇이 잘못일까? 결과를 놓고 잘되었을 때와 잘못되었을 때 사용하는 말로 '탓'과 '덕(덕분)'이 있다. 그런데 이 두 단어의 쓰임새가 비슷해서인지 뜻을 구분하지 않고 사용하는 경우가 많다.

'탓'은 주로 부정적인 의미와 잘 어울린다. 이에 비해 '덕(덕분)'은 긍정의 뜻을 지니고 있다. 따라서 앞에 나온 '잘되면 제 탓, 못되면 조상 탓'은 '잘되면 제 덕, 못되면 조상 탓' 정도로 수정해야 한다.

'탓'인지 '덕'인지 구분하기 모호하면 '때문'을 쓰면 된다. "너 때문에 중요한 시험을 망쳤어"나 "너 때문에 일을 쉽게 끝냈어"에서 보듯 '때문'은 부정적인 의미뿐만 아니라 긍정적인 뜻으로도 쓸 수 있다.

　　잘되면 제 덕, 못되면 조상 탓 (O)

'부치다'와 '붙이다'

'부치다'와 '붙이다'는 글은 다르지만 소리는 비슷하다. 그래서 쓸 때 헷갈린다. '밀어붙이다(밀어부치다)'처럼 '부치다'와 '붙이다'가 다른 단어와 결합할 때는 더 그렇다.

우리말 '부치다'는 그 쓰임새가 참 다양하다. '힘에 부치다' '편지를 부치다' '회의에 부치다' '논밭을 부치다' '전을 부치다' 등처럼 쓴다. 반면 '붙이다'는 주로 양쪽을 딱 접착시킨다는 뜻으로 사용한다. '우표를 붙이다' '불을 붙이다' '가구를 벽에 붙이다' '흥정을 붙이다'가 그런 쓰임새다.

'부치다'와 '붙이다' 중 어느 것을 써야 할지 헷갈리면 단어 속에 '달라붙다'의 의미가 살아 있으면 '붙이다'를, 그렇지 않으면 '부치다'를 쓰면 된다.

소포를 부치다. (O)
이름을 붙이다. (O)

참고와 참조

'다음 내용을 참조하시기 바랍니다'와 같이 공문서를 다룰 때도 '참고'나 '참조'라는 용어를 만나게 된다.

'참고'는 어떤 일에 대해 도움이 될 만한 재료로 삼는다는 뜻이다. '업무에 참고할 것.', '아래 사항을 참고할 것.' 처럼 쓰인다. 반면 '참조'는 참고로 비교하고 대조해 본다는 뜻이다. 어떤 기사를 읽을 때 그와 관련된 다른 기사를 비교해 보라는 뜻으로 '관련 기사 참조'라고 사용할 수 있다.

참고하시기 바랍니다. (O)
여러 논문을 참조해 보시기 바랍니다. (O)

외래어 발음과 표기법

외래어란 외국으로부터 들여와 한국어처럼 사용되는 단어를 말한다. 외래어 남용은 지양해야 하지만 저마다 외래어를 달리 발음한다면 이또한 소통에 지장을 줄 수 있다. 가급적 우리말로 바꿀 수 있는 표현으로 사용하되 외래어를 그대로 사용해야 의미전달이 분명해 지는 경우 외래어 표기법에 가깝게 발음한다.

외래어 표기법에 근거한 발음	*우측이 바른 표기임
가디건 → 카디건	샷시 → 새시
기브스 → 깁스	쉐프 → 셰프
까페 → 카페	세레머니 → 세리모니
네비게이션 → 내비게이션	알러지 → 알레르기
돈까스 → 돈가스	앰블란스 → 앰뷸런스
리더쉽 → 리더십	오리지날 → 오리지널
링겔 → 링거	오마쥬 → 오마주
로봇 → 로보트	애드립 → 애드리브
매니아 → 마니아	워크샵 → 워크숍
초콜렛 → 초콜릿	쥬스 → 주스
케잌 → 케이크	컨텐츠 → 콘텐츠
발란스 → 밸런스	컨퍼런스 → 콘퍼런스
비지니스 → 비즈니스	컨테스트 → 콘테스트
타겟 → 타깃	콩쿨 → 콩쿠르

숫자와 미터법 표시 발음법

공적인 말하기에서 숫자는 천천히 분명하게 말한다. 숫자는 백 미만은 한자어와 함께 쓰이고 백이 넘는 수 단위는 천, 만, 억, 조처럼 한자어가 쓰인다.

12,345명 [만 이천 삼백 사십오 명]

　　　　[만 이천 삼백 마흔다섯 명]

~명, ~개 등 단위를 표현하는 의존명사가 붙는 경우 가급적 마흔 다섯처럼 우리말 숫자로 표현해 주면 좋다.

1이 첫 머리에 왔을 때 만 단위 이하에서는 읽지 않지만 억이 넘으면 1을 붙여 읽어야 한다.

1천원, 1만원 (X)

천 원, 만 원, 1억 원, 1조 원 (O)

공적인 말하기를 할 때 숫자가 많으면 발음이 어려워 얼버무리는 경우가 많은데 중요한 부분이므로 정확하게 발음한다. 숫자 발음을 정확하게 하는 방법은 장음을 지키는 것이다. 숫자 2, 4, 5를 장음으로 길게 처리하면 아무리 긴 숫자라도 듣기에 명료해진다.

12,345명 [만: 이:천 삼백 사:십 오:명]

2020년 2월 28일 [이:천 이:십년 이:월 이:십팔일]

나이를 표현하는 '살'은 '세'와 함께 표현하는데 이 역시 우리말과 한자어를 잘 맞춰서 사용해야 어색하지 않다.

45세(살) [사십 오 세, 마흔 다섯 살]

미터법을 읽는 방법은 다음과 같다.

m: 미터

cm: 센티미터

km: 킬로미터

mm: 밀리미터

g: 그램

kg: 킬로그램

kw: 킬로와트

mg: 밀리그램

m2: 제곱미터 (평방미터로 발음하지 않는다.)

m3: 세제곱미터 (입방미터로 발음하지 않는다.)

박애주의적 경어법을 사용하라

비록 상대가 어리석은 사람이라 할지라도 그 말에서 무엇을 듣고자 하는 사람은 앞선 사람이다. 자기가 아는 것을 자랑하고 가르치고 설교하고 싶어하는 사람은 진보가 없는 사람이다. 듣기도 하고 말하기도 하며 지내는 것이 인생의 자연스럽고도 진실한 모습이다.

— 존 러스킨 John Ruskin (영국 미술평론가)

공적인 말하기는 정중하고 자연스러워야 한다

공적인 말하기는 당연히 경어로 시작해서 경어로 끝나야 한다. 청중을 의식한 최고의 경어를 문법에 맞게 해야 하는데, 존대어 중에서도 격식체와 비격식체가 존재함을 알고 제대로 사용해야 한다.

이때 많이 고민하는 것이, 격식을 너무 차리면 딱딱하고 부자연스럽지 않은가 하는 것이다. 하지만 표정이나 말투와 같은 비언어적 요소로 부드럽게 보완하는 것이지, 말 자체를 비격식체로 편하게 하면 공신력과 신뢰도가 떨어지게 된다.

여기에 더해, 경어는 '박애주의'에 맞도록 정중하게 구사해야 한다. 공적인 말하기 자리에서는 특히 이를 주의해야 하는데, 한번 뱉은 말은 결코 주워 담을 수 없기 때문이다.

쉽게 이야기를 풀어내기 위해 예시 등을 들 때에도, 특정한 계층이 들었을 때 기분이 상할 수 있는 표현은 절대로 사용해서는 안 된다.

말의 의도보다 표현이 중요하다

5월 1일 근로자의 날, 생방송 중에 있었던 일이다.

"시청자 여러분. 편안하게 잘 쉬셨습니까? 오늘 같은 날에도 하루 벌어서 하루 먹고 사시는 분들은 쉬지도 못하고 아마 각자 일터에서 열심히 일하셨을 텐데요. 그분들을 위해서 박수를 보내드리면서, 첫 번째 소식 전해드리겠습니다."

이 방송이 나간 직후 시청자들은 어떻게 반응했을까? 그날, 시청자 게시판에는 '그래, 나 하루 벌어서 하루 먹고산다. 니들도 나 무시하는 거냐?' 등의 글들이 줄을 이었다. 말의 의도는 좋은 뜻이지만 듣는 이에 따라서는 매우 불쾌한 멘트였기 때문이다.

이런 경우는 어떨까? 모 방송사의 한 아나운서는, 신입 시절 퀴즈 프로그램에 출연했는데 쉬운 한자 문제 하나를 맞추지 못해 탈락해 버릴 상황에 처했다. 이에 사회자가 의아한 듯 "그 어려운 아나운서 시험을 통과하신 분이 왜 이렇게 쉬운 한자 문제를 틀리셨나요?" 하고 묻자, 그는 "나는 한자 장애인이다."라고 대답했다. 당황한 나머지 미처 깊이 생각하지 못하고 나온 발언이었겠지만, 이 일로 이미지가 크게 실추되었다.

이처럼 공적인 말하기에서는 절대로 누군가를 비하하는 느낌을 주어서는 안 된다. 나의 발언으로 누군가가 마음이 상했다면 쌍방과실이 아닌, 무조건 화자의 잘못으로 여겨지기 때문이다.

사적인 자리에서 누군가가 '언짢아' 한다면 그런 의미가 아니었다고 해명하고 충분히 오해를 풀 수 있지만 공적인 자리에서는 그것이 불가능하다. 이미 내 입을 떠난 말이 공개되는 순간 모든 화살은 나에게 돌아오며, 절대로 주워 담을 수 없기에 신중에 신중을 기해야 한다.

몇 해 전, 모 당 대표도 연탄을 배달하는 봉사활동 행사 중 아프리카에서 온 유학생에게 "자네는 연탄이랑 얼굴색이 똑같네? 허허."라는 발언을 했다가 큰 물의를 빚은 바 있다. 딱딱한 분위기를 풀어 보고자 편하게 한 말이었겠지만 비난의 화살을 피할 수 없었다. 공적인 자리라면, 설사 가벼운 농담이라 할지라도 '박애주의'와 '예의에 맞는 경어법'을 결코 망각해서는 안 된다.

Tip! Tip!

방송언어의 원칙

1. 방송언어는 하대어가 없다. 특히 어린이방송에서 유념 해야 하며 함부로 하대어를 쓰면 시청자를 무시하는 듯한 느낌을 줄 수 있다.

   선생님을 따라서 노래해보자. (X)
   저를 따라서 노래하세요. (O)

2. 나를 생각하기에 앞서 상대의 입장을 먼저 생각하는 박애주의적 경어를 사용한다. 편견이나 차별 없이 모두가 평등하다는 인류애를 바탕으로 말하는 것이다. 누구에게든 인격 모독적인 발언은 삼가야 한다.

3. 화면에 비친 몸의 동작도 정중해야한다. 지나치게 빠른 말이나, 말끝이 터무니없이 올라가는 설득조의 말투는 피해야한다. 신체언어(body language)나 말을 사용하지 않는 커뮤니케이션(nonverbal communication) 에도 세심하게 배려한다.

역지사지(易地思之)의 자세가 필요하다

남과 사이가 좋지 못하거나 그 사람이 당신과 있는 것을 싫어하거나 당신이 옳은데도 그 사람이 동조하지 않으면. 그 사람이 책망받을 것이 아니라 정작 책망 받아야 할 사람은 바로 당신입니다. 왜냐하면 당신이 그 사람에게 마음과 정성을 다하지 않았기 때문입니다.

― 톨스토이 Lev Nikolayevich Tolstoy (러시아 문학가)

미디어커뮤니케이션은 넓은 의미에서는 '공적인 말하기'이다. 공적인 말하기는 방송출연부터 연설, 사회진행, 인사말, 브리핑 보고, 발표, 강의, 프레젠테이션, 인터뷰에 이르기까지 그 범위가 다양하다.

공적인 말하기가 어려운 점은 항상 결과가 뒤따르기 때문에 이를 예측할 수 있어야 한다. 또 상황에 맞는 매너와 어법, 신뢰감을 주는 요소들을 활용해 자연스럽게 자신의 것으로 녹여내는 연출이 필요하다. 그래야 청중의 공감을 보다 효과적으로 끌어낼 수 있다.

특히 조직의 리더나 공직에 있는 이들은 말 한마디에 세심한 주의를 기울여야 한다. 비록 사석에서 가볍게 개인 견해를 말한 것이라도 자신이 속한 조직 전체의 입장으로 받아들여 질 수 있기 때문이다.

자기 말에 대해 검열(檢閱)하라

말실수로 도마 위에 올라 곤혹을 치르거나 치명타를 입어 회복불능에 빠진 유명 정치인이나 연예인을 심심찮게 볼 수 있다. 말을 조심해야 하다는 것을 모르지 않을 텐데 왜 그런 황당한 실수로 생각지 못한 상황을 자초한 것일까. 자기중심적인 사고와 습관을 따랐기 때문이다. 또 스스로를 비춰볼 만한 거울이나 성찰이 부족했던 탓이다. 역지사지의 자세가 필요하다.

최근 일본에서도 연이은 망언으로 여론이 악화되자 자민당이 소속 국회의원을 비롯한 당원에게 '실언 방지 매뉴얼'을 만들어 배포했다. 이 매뉴얼은 '1. 역사 인식과 정치 신조에 관한 개인적 견해 2. 젠더 특히 성소수자에 대한 견해 3. 사고나 재해에 대해 배려가 결여된 발언 4. 병이나 노인에 대한 폄하 발언 5. 잡담하는 말투'라는 5개 유형별로 예를 들어가며 설명하고 있다.

이중 역사 인식과 관련한 부분에서는 '사죄도 못 하고 장기화되는 경향이 있다'며 특히 주의를 요하고 있다. 용서받기 어려운 갑질 막말과 상대진영을 향한 내로남불 비난, 명확한 해명 대신 모호한 변명으로 국민의 마음을 불편하게 하는 한국 사회에도 당장 꼭 필요한 매뉴얼(manual)이다.

불특정 다수의 청중이나 시청자가 오해할 수도 있는 발언은 더욱 더 주의를 기울여야 한다. 미디어 스피치는 말의 내용이나 진정성 보다 '표현'이 문제가 되는 경우가 많기 때문이다. 피부색, 나이, 장애, 성별, 지역, 종교 등과 관련해 차별이나 선입견을 갖게 하는 표현은 없는지, 성인지감수성에 둔감한 사례는 아닌지 스스로 한 번 더 필터링(검열)할 것을 권한다. 특히 갑질 발언이나 막말은 어떠한 경우에도 용서받기 어렵다.

당장 떠오르는 말이 있어도 반드시 앞을 생각하고 뒤를 살펴야 한다는 뜻이다. 자신의 평소 언어생활이 일단 뱉어 놓고 '아님 말고' 식의 무분별한 습관에 무감각해 있지는 않은지, 또는 너무 심사숙고해 꼭 필요한 말을 해야 할 적절한 타이밍을 놓치는 뒷북 습관에 자포자기해 있지는 않은지 살펴봐야 한다.

공적인 자리에서 주의할 표현

1. 성 차별적 발언

'미망인'은 그 의미가 '아직 따라 죽지 못한 사람'이란 뜻으로 현대어로는 맞지 않는다. 가부장 사회의 여성 차별적 요소가 들어 있기 때문이다. '고 ○○○씨 부인'으로 쓰면 된다.

또 '처녀작', '처녀비행' 이란 단어에서 처녀는 여성의 순결을 뜻하는 말로 이 역시 '첫 작품' '첫 비행'으로 표현한다.

'머리를 올리다'라는 관용구 역시 '어린 기생이 정식으로 기생이 돼 머리를 쪽 지다'는 뜻이기 때문에 무분별하게 사용하지 않는다.

2. 장애에 대한 부정적 발언

'꿀 먹은 벙어리', '귀머거리 삼 년', '절름발이 영어 교육', '눈 뜬 장님' 등도 주의할 표현이다. 장애인을 '장애우', '장애자', '불구자' 라고 하는 경우나 '언뜻 보면 정상인(비정상인)으로 보인다' 라는 표현도 부적절하다. 장애인, 비장애인으로 표현하는 것이 옳다.

또 장님, 소경, 맹인 등은 시각 장애인으로 표현하고, 곱추, 난쟁이 등은 지체장애인으로 표현한다.

3. 인권비하나 편견을 조장하는 발언

다문화 시대, 전형적인 한국인의 피부색을 기준으로 삼은 '살색'은 사라지고 대신 크레파스와 스타킹에 '살구색'이 등장했다. 색명 자체가 특정한 색만이 피부색이라는 인식을 전달할 수 있기 때문이다. 아프리카 흑인이란 말도 아프리카에 사는 사람은 모두 피부색이 검다는 편견을 조장할 수 있으니 그냥 아프리카인이라고 하면 된다.

이밖에 문둥병'은 '한센병'으로, '튀기'는 '혼혈인'으로, '결손가정'은 '한부모 가정'으로, '윤락'은 '성매매'로, '학부형'은 '학부모' 등으로 표현한다.

말하기의 기본은 배려이다

생각하는 건 쉽고 행동하는 건 어렵다.
하지만 세상에서 제일 어려운 것은 생각대로 행동하는 것이다.

— 괴테 Johann Wolfgang von Goethe (독일 철학자)

에토스(ethos)로 설득하라

에토스는 화자가 가진 고유의 진실성이다. 상대의 말을 집중해 듣다보면 어떤 사람인지 대개 짐작할 수 있다. 말은 소통의 수단을 넘어서 말하는 사람의 인품, 가치관, 개성, 도덕 등 사람됨을 드러낸다. 말은 입을 통해서 나오지만 실제로는 인격이 말하는 것이다. 인품은 즉 언품이라고 할 수 있다.

이처럼 말을 통해서 인격이 밖으로 드러나기 때문에 연설하는 방법을 처음으로 가르치기 시작했던 고대 그리스에서도 논리적으로 말을 잘하는 것을 교양과 인격의 척도로 삼았다. 이러한 인식의 밑바탕에는 말이 사람됨을 드러내는 주요한 수단이라는 생각이 깔려 있는 것이다.

사람들은 남을 얼마나 배려하고 존중하면서 말을 하느냐를 보고 인격적인 사람인지 아닌지 판단한다. 같은 말을 해도 어떤 사람은 상대방의 감정을 건드려 다치게 하는 경우가 있는가 하면 어떤 사람은 상대방의 기분을 상하지 않게 한다.

우리가 닮고 싶어 하는 사람은 당연히 후자일 것이다. 따라서 스피치 능력을 키운다는 것은 단순히 말재주를 배운다는 것이 아니라 자기가 한 말에 책임을 지고, 논리적으로 사고하며, 합리적인 방법으로 문제를 해결하는 전인(全人)적 인간이 된다는 것을 뜻한다.

말이 자신의 생각을 효과적으로 전달해 주는 중요한 매개체를 넘어서서 자신의 능력과 인격을 나타내는 잣대라는 사실은 예로부터 '신언서판(身言書判)', 즉 신체, 말솜씨, 글 솜씨, 판단력을 사람을 가늠하는 중요한 기준으로 삼은 데서도 잘 알 수 있다.

미국의 클린턴 대통령과 김대중 전 대통령은 퇴임한 뒤 한국에서 만나 우의를 다지기도 했다. 당시 몸이 불편한 김 전 대통령을 향해 허리를 굽히며 예의를 갖추었던 클린턴 전 대통령의 모습을 국민들은 기억하고 있다.

상대를 배려하는 인간적인 매력하면 오바마도 빼놓을 수 없다. "오바마 아웃"을 외치며 쿨하게 임기를 마친 오바마는 퇴임 후 지지율이 60%를 육박하는 부러움의 대상이 되었다. 어느 대통령이든 공과에 대해서는 논란이 있지만, 오바마는 어떠한 민감한 공격에도 특유의 여유로움과 위트로 대처했다. 특히 부통령 바이든과는 나이 차이에도 불구하고 허물없이 친근하게 지내는 모습이 세계인들에게 각인됐다.

리더의 겸허하고 격의 없는 자세, 상대를 배려하는 인간적인 매력은 오래 기억된다.

누구를 위한 재미인가?

공적인 자리에서 상대방과 어긋난 커뮤니케이션으로 오해를 사지 않으려면 의사전달을 분명히 해야 한다. 어설픈 유머나 농담, 필요한 설명을 생략하거나 반대로 장황하게 설명하다 보면 자신의 말이 상대방에게 정확하게 전달되지 않는다. 따라서 누구에게 어떻게 이야기할 것인가를 정리해 상대방이 알아듣기 쉽게 말하는 습관을 들여야 한다.

상대방의 단점을 들추어 감정을 상하게 하는 말, 같은 단어를 불필요하게 반복하는 것, 부정확한 말투, 무뚝뚝한 말투, 톤이 높은 말투, 어렵고 불편한 전문용어 사용 등도 가급적 피한다.

겉모습에 대한 지적도 주의해야 한다. 상대방의 외모와 관련한 발언으로 불쾌감을 주는 경우를 우리 주변에서 쉽게 찾아볼 수 있다. 예컨대, "어제 머리 했나 봐? 그 머리는 좀 안 어울리는데?", "그런 스타일의 옷 좋아하나 봐? 난 별로던데", "요즘 체중이 너무 늘어나는 거 아니야? 관리 좀 해야겠다" 등과 같은 말이다.

상대의 외모에 대해 말하는 사람들은 더 나은 헤어스타일과 옷을 추천해주고 싶었거나 건강에 더 신경 쓰라는 애정과 관심의 표현이지 폄하할 의도는 없을 것이다. 하지만 좀 더 깊이 생각해 보면 외모에 대한 언급은 상대방의 개인적 취향, 기호, 사생활을 충분히 고려하지 않은 다소 무례한 행위일 수 있다.

특히 공인(公人)의 경우 사소한 말실수 하나도 큰 사회적 파장을 불러일으킬 수 있다. 의도하지 않았더라도 성인지감수성이 결여된 발언이나 차별적 발언이 사회에 어떠한 여파를 가져왔는지 상기해 보면 쉽게 이해될 것이다.

성인지감수성(gender sensitivity)이란 성별 간의 불균형에 대한 이해와 지식을 갖춰 일상생활 속에서의 성차별적 요소를 감지해 내는 민감성을 말하며 이러한 문제점을 극복해 낼 대안을 찾아내는 능력까지도 포함한다.

상대방의 기분이 좋지 않은 상황에서는 칭찬도 조롱으로 들릴 수 있으며, 그 대상이 여성인 경우에는 성희롱으로 해석될 수 있다는 점에서 더욱 조심할 필요가 있다.

의사표현은 'Yes, But'으로 분명하게

공적인 자리에서 토론이나 대화를 진행하다 보면, 상대방의 의견에 동의하지 못할 경우가 있고, '관계를 해치지 않는 선'에서 어떻게 반대 의사를 표현해야 할지 고민을 하는 순간이 많다. 이때 가장 적절하게 활용할 수 있는 화법이 바로 'YB화법'이다.

가령 상사가 준 업무들로 인해 이미 처리해야 할 서류가 산더미같이 쌓여 있다고 가정해 보자. 정신없이 일처리를 하고 있는데, 상사가 일을 더 지시 하는 상황이다.

"○○씨, 이거 지금 바로 처리 좀 해 줘요."

라고 지시받았지만, 당장 급한 일들이 많아 처리할 수 없을 때 "죄송하지 만 지금 업무가 너무 많아 당장은 처리할 수 없을 것 같습니다."와 같이 대 답하기 쉬운데, 먼저 No를 외치고, 이유를 후술하므로 이를 'No, because 화 법'이라고 한다.

그보다는 "네, 처리하겠습니다. 그런데 어제 지시하신 업무 처리 중이었 는데, 새로 주신 일부터 처리하면 될까요?"와 같이 말하는 것이 좋다. 우선 Yes를 외치고, But을 말한다는 점에서 이를 'Yes, But' 즉 YB화법이라 칭한 다. 우리의 뇌는 같은 강도의 자극이 와도 부정적인 감정을 더 오래 기억한 다. 처음에 No를 말하느냐 Yes를 말하느냐에 따라 상대방이 받아들이는 정 도가 달라지는 것이다.

공적인 말하기 태도는 기본적으로 청중에 대한 애정과 존중하는 마음이 있어야 한다. 청중을 무시하거나 속이거나 모든 걸 알고 있다는 듯한 심드렁한 자세는 바람직하지 않다.

공개 토론회나 감사(監査)를 받는 자리에서도 마찬가지이다. "아니오, 저는 당신의 의견과 다릅니다."와 같이 시작하는 것보다는, "네, 그 의견도 일리는 있지만…"처럼 부드럽게 이어 나가는 상대를 배려하는 화법이 필요하다.

곤란한 질문에 대처하는 방법으로는 방어적 답변과 설명적 답변형태가 있다. 방어적 답변으로는 상대의 의견을 맞받아 치며 "저도 그러한 시각에 어느 정도 동의합니다. 하지만~.", "재미있는 시각이시군요. 하지만 저는 이렇게 생각합니다." 와 같은 형태다. 하지만 설명적 답변은 "제가 중요하게 생각하는 것은 이것입니다.", "무엇보다 주목해야 할 점은 이것입니다.", "아무래도 가장 고려해야 하는 사항은…"처럼 내가 강조하고 싶은 말에 집중하는 것이다.

어떤 질문이든지 답변하는 자세는 상대방뿐만 아니라 듣는 청중이 민망한 상황을 만들어서는 안 된다.

반말이 친근하다?

우리는 나이 어린 학생을 보면 무조건 반말을 하는 경우가 있다. '야, 너 집이 어디지? 학교 어디 다녀?' 식으로 다짜고짜 반말을 던지면 학생들도 부정적 반응을 드러낸다. '자식 같아서 그런다'는 핑계는 이제 옛 문화다.

음식점에서 종업원들에게 반말을 던지는 것 또한 부적절하다. 오히려 정중하게 주문하고 서비스에 감사를 표할 때 당신의 인격도 더욱 빛나 보일 것이다.

미리 준비하는 애드리브

운명은 사람을 차별하지 않는다. 사람 자신이 운명을 무겁게 짊어지기도 하고 가볍게 짊어지기도 할 뿐이다. 운명이 무거운 것이 아니라, 나 자신이 약한 것이다. 내가 약하면 운명은 그만큼 무거워진다. 비겁한 자는 운명이란 갈퀴에 걸리고 만다.

– 세네카 Seneca, Lũcius Annaeus (로마 제정시대 정치가)

영화 '내부자들'에 나오는 "모히또 가서 몰디브나 한 잔 할라니까"라는 명대사는 주인공 이병헌의 애드리브다. 거칠어 보이지만 허점 많은 캐릭터의 매력을 보여주며 영화의 엔딩 장면까지 장식하는 등 숱한 패러디를 탄생시켰다.

사람들의 마음에 와닿은 애드리브는 타고난 순발력에만 의존하는 것이 아니라 언제 쓰일지 모르더라도 평소 계발하고 준비해 두는 경우가 많다.

애드리브는 아무 말 대잔치가 아니다

준비한 원고로 스피치를 시작했는데 갑자기 시간을 줄여 달라는 요청이 들어온다면 어떻게 해야 할까. 혹은 청중이 제대로 집중을 하지 못한다면? 이때가 바로 분위기를 환기시킬 수 있는 간단한 애드리브가 필요한 순간이다.

애드리브의 사전적 정의는 '연극이나 방송에서 출연자가 대본에 없는 대사를 즉흥적으로 하는 일. 또는 그런 대사.'이다. 하지만 진정한 의미의 애드리브는 미리 준비해 둔 계산된 멘트에서 나온다.

연설을 할 일이 있다면, 항상 손에 들고 있는 A 원고 외에도 B안과 C안을 작성해 두고 어느 정도 숙지하고 있어야 한다. 연설을 하다 보면 어떤 예측 불가한 일이 발생하게 될지 알 수 없기 때문이다. A안을 이야기하다가 막히면 B안과 C안의 핵심 내용을 가져와 자연스럽게 이어 나가는 '애드리브'가 필요한 것이다. 애드리브는 '준비된 애드리브'일 때 빛이 난다.

회식을 하다 보면 종종 건배사를 들을 일도, 해야 할 일도 생기기 마련이다. "거시기, 거절하지 말고 시키는 대로 기쁘게!"를 비롯해 진달래, 소나무, 단무지, 도라지 등등이 있다. 어디선가 한 번쯤 들어 보았지만, 내용이 기억나는가? 이런 건배사는 와 닿지도, 나중에 기억조차 나지 않는다. 의미 있는 건배사가 되기 위해서는, 짤막한 명언을 인용하면서 자신의 구체적인 경험을 언급해 주는 것이 좋다.

> "빨리 가려면 혼자 가고 멀리 가려면 함께 가라는 말이 있습니다. 저도 혼자 가는 길이 처음에는 빠를 것 같지만 꼭 막다른 곳에서 멈추게 되더군요. 그런 의미에서, 여기 계신 분들과 모두 함께 멀리 가기를 기원하면서, 제가 '함께' 라고 하면 여러분은 '가자'라고 외쳐 주시기 바랍니다."

자신의 생각과 경험을 담은 준비된 건배사 하나만으로도 당신을 바라보는 사람들의 시선이 달라질 수 있다.

말도 코디네이션이(coordination)필요하다

TPO라는 단어를 들어 본 적이 있는가? TPO는 Time, Place, Occasion의 약자로 말 그대로 시간과 장소, 상황을 의미한다. 원래 TPO에 따라 복장을 다르게 해야 한다는 의류 업계의 마케팅 용어이지만, 이 단어는 즉흥적인 말하기에도 동일하게 적용된다. 즉, 때와 장소, 위치와 나이, 그리고 직업이나 직급에 맞는 말하기를 구사해야지, 동일한 말하기가 다 통하는 것이 아니라는 뜻이다.

타인의 유머나 쇼맨십을 보고 '저렇게 말하니까 사람들이 다 웃어 주는구나.'라고 기억해 두었다가 공적인 자리에서 따라서 말한다면 낭패를 보기 십상이다. 어설픈 개그 욕심을 부리거나 무리수를 두지 말자.

Humor의 본래 어원은 라틴어 'Humanus'로, '인체 또는 나무의 수액이 흐른다'를 의미한다. 유머는 물 흐르듯 자연스럽게 상황이 흘러가도록 해야지 억지스러우면 안 된다.

축사 애드리브

1. 자기소개

소속과 이름을 밝힌 후 간단한 안부 인사나 날씨, 주요 이슈(무겁지 않은) 등으로 분위기를 부드럽게 풀어 준다.

2. 감사 인사

주최 측, 대표자, 청중순으로 감사인사를 한다.

3. 행사의 의미

행사의 취지나 의미를 간략히 언급해 준다.

4. 축사

행사의 취지를 잘 살려 앞으로도 좋은 방향으로 발전하길 기원한다는 긍정적인 메시지를 전달한다.

5. 마무리 인사

다시 한 번 감사 인사를 전하며 축사를 마무리한다.

눈을 경계하여 남의 잘못됨을 보지 말고,
입을 경계하여 남의 허물을 말하지 말고,
마음을 경계하여 탐욕을 꾸짖어라.

– 명심보감 明心寶鑑 중에서

　시사 프로그램에 등장하는 일부 평론가들이 조리 없는 표현과 막말, 지나친 감정 표현으로 정치 평론 자체에 대한 불신을 스스로 만들었다는 지적이 있다.

　막말은 꼭 듣기에 상스러운 말만 뜻하는 것은 아니다. 대다수의 국민들이 생각하고 있는 것과 전혀 다른 현실인식을 그대로 말로 옮기거나 무지와 교만에서 비롯된 안하무인 발언들도 있다. 또 당리당략만 쫓다가 특정인을 인신공격하는 발언도 포함된다.

사적인 자리와 공적인 자리를 구별하라

소위 잘 나가는 유명 정치인이나 지식인 중에 한 순간 말실수로 인해 추락하는 사람들이 종종 있다. 당사자는 순간적으로 화가 났다거나, 사적으로 편하게 생각했다거나 수많은 이유를 붙여 실수였다고 변명을 늘어놓지만 공적인 자리에서의 말은 한 번 쏟아놓으면 주워 담을 수가 없다.

언어가 성숙하지 못한 이들은 대부분 내적으로 겸손함이 부족하기 때문에 사용하는 언어가 거칠거나 남에게 상처를 주기 쉽다. 그런데 문제는 자신의 말이 누군가에게 깊은 상처를 주었다는 사실을 잘 인식하지 못한다는 점이다.

공적인 자리에서 유의해 말 할 사항은 다음과 같다.

첫째, 추측해 말하기다. 공적인 말하기는 작은 한마디에도 책임감이 필요하다. 특히 근거가 불명확한 사실을 말할 때는 더욱 주의가 요구된다. 확실하지 않은 추측성 발언은 삼가는 것이 좋다. 언제라도 자신의 발언이 추궁 당하게 될 수 있다는 점을 염두에 두고 말해야 한다.

둘째, 신중하지 못한 말하기다. 공적인 말하기는 나의 생각이 조직을 대변하는 것으로 비춰질 수 있기 때문에 신중하게 생각하고 답하는 것이 좋다. 공적인 말하기는 책임이 따른다. 즉흥적으로 의견을 밝히기 보다는 신중하게 생각하며 그 발언을 책임질 수 있을 때 말하는 것이 좋다. 기자 인터뷰 등의 자리에서 성급히 개인적인 생각을 언급하지 않도록 유의하자.

셋째, 사적인 자리의 말실수가 공적인 말하기의 발목을 잡는 경우가 있다. 언행을 가장 주의해야할 순간은 의외로 사석에서의 스피치이다. 식사자리나 술자리 등의 편한 분위기는 긴장감을 떨어뜨리기 때문이다. 이럴 땐 평소보다 말을 더 아끼고 줄이며 상대의 이야기를 많이 들어주는 것이 좋다. 실제로 상당수의 취재는 사적인 자리에서 이루어진다는 사실을 유념하자.

넷째, 품위 없는 말하기다. 직설적인 어투, 과격한 표현은 말하는 이의 품격을 떨어뜨린다. 공적인 자리에서의 말하기라면 더더욱 그렇다. 한번 잃은 품격은 그 어떤 변명이나 양해로도 회복하기가 쉽지 않다.

특히 SNS와 모바일을 통해 소통하는 사람들이 늘면서 귀찮다는 이유로 시작된 과도한 줄임말이 오히려 소통을 방해하고 있다. 빨리 의사전달을 하고 싶은 마음에 이상한 줄임말을 사용하는 사례가 빈번한데 일반적으로 통

용된다 하더라도 공적인 말하기에는 사용하지 않거나 사용하더라도 설명을
덧붙여준다.

근거 없이 줄인 말을 부적절하게 사용하면 서로 오해가 생기거나 소통의
방해로 의도하지 않게 상대방에게 상처를 줄 수도 있으니 유의하자. 상대방
을 배려하는 품위 있는 말과 행동이 신뢰를 주고 사회적인 덕망을 만든다.

Tip! Tip!

신년사 또는 인사말

첫째, 신년사의 서두는 식상한 덕담보다는 구체적 예화형이 좋다. 뻔한 이야기를 하는 것 보다
는 친밀함을 높이는 구체적 인사말이 좋다.

둘째, 유체이탈 화법 보다는 솔선수범 화법을 사용한다.
공적인 말하기로 구설수에 오른 CEO들은 대부분 유체이탈 화법을 구사한 경우가 많다. '나부
터 잘하겠다.'라는 한 줄 자성의 말이 사람의 마음을 움직인다.

셋째, 간결하게, 기승전결로 연결시켜야 한다. 전후 맥락이나 주제의 연관성이 없는 사자성어
나 좋은 문구는 그저 말 잔치일 뿐이다.

CHAPTER

06

공적인 말하기
클리닉

공적인 말하기에는 정석 즉 법칙이 있다. 여기에 걸맞지 않는 나쁜 습관을 고치는 것이 중요하다. 타고난 특성과 오랜 습관을 고치는 것이 쉽지는 않으나 훈련하기에 따라서 충분히 가능하다.

청중 앞에서의 자신의 모습과 음성을 녹화해 객관적으로 분석해 보면 잘 고쳐지지 않는 목소리의 크기나 높낮이, 시선 처리 방법과 태도, 자주 사용하는 단어나 표현법, 억양이 있다는 것을 알게 된다. 정확하게 진단하고 해법을 찾아 훈련해 나가는 스피치 클리닉이 반드시 필요하다.

사투리도
고칠 수 있을까요?

여러분과 리무진을 타고 싶어 하는 사람은 많겠지만, 정작 여러분이 원하는
사람은 리무진이 고장났을 때 같이 버스를 타 줄 사람입니다.

– 오프라 윈프리 Oprah Gail Winfrey (미국 방송인)

'보이소, 확인하이소 안전벨트!'
'졸음운전 안된다 카이! 쉬어가믄 개안타'

'허벌나게 빠르구만요, 쉬엄쉬엄 가시랑께요'
'시방 짜잔한 졸음하고 싸우고 있소? 쉬어가믄 되제'

'뭔가 허전하쥬? 안전띠 매유~!'

'빨리 가서 뭐할라구유? 쉬었다 가유'

고속도로에서 운전하다보면 졸음운전이 확 달아날만한 유머러스한 우회적 표현이 눈길을 끈다. '○○금지!', '○○단속중!', '○○법규 위반시 고발!' 같은 지시나 경고를 섞은 강압적이고 상투적인 표현보다 훨씬 친근하다.

그러나 이러한 사투리는 개성이나 매력으로 느껴지게 하는 반면 선입견을 줄 수 있다. 듣는 청중이 특정 지방의 억양과 의미를 제대로 이해하지 못하는 경우에는 의사소통의 어려움이 있기 때문이다.

사투리의 특징은 억양과 발음에 있어서 표준어와 차이가 있는데 지역을 막론하고 대체적으로 어미가 무겁고 말끝의 발음이 강하게 들리거나 롤러코스터 억양, 마무리를 질질 끄는 뉘앙스를 풍긴다.

한국말도 엑센트를 분명히 하면 의미전달이 분명해 지는데 주로 문장의 앞부분이나 어간, 키워드를 강조해서 말하고 중간어미(과, 와, 며, 고)와 종결어미(~습니다)는 튀지 않게 말하면 세련된 어투가 된다. 예를 들어보자. 인사말의 첫 글자인 '안'/ 소속기관의 '첫 자'/ 이름의 '성'에 엑센트를 주고 나머지는 부드럽게 이어주면 된다.

안녕하십니까. ○○○(소속기관)의 ○○○입니다.

사투리는 자음과 모음의 발음적 특징이 있는데 전라도는 '으'와 '어'가 잘 구분되지 않아 '어떻게 → 으뜨케'로 발음하고 경상도는 'ㅆ'발음을 'ㅅ'으로 발음하기 때문에 '쌀 → 살'로 말한다. '확실하다 → 학실하다', '치워라 → 치아라'처럼 이중모음도 부정확한 경우가 많다.

사투리를 고치기 위한 훈련으로는 평탄조로 말하기를 권한다. 들쭉날쭉한 억양을 가급적 평이하게 표현하는데 특히 어미를 반복적으로 올리거나 내리지 않아야 한다. 또한 말끝을 끌지 말고 끊어내면서 분명하게 말하는 훈련이 필요하다.

신문이나 책을 소리 내어 읽는 훈련도 좋은 방법 중 하나이다. 한국어는 또박또박 개별음가를 살려서 발음해야하기 때문에 외국어식으로 흘려서 발음을 뭉개면 안 된다.

사투리를 고치기 힘든 이유 중 하나는 스스로가 사투리를 쓰고 있다는 것을 모를 때가 많다는 점이다. 사투리를 고치려면 표준발음을 많이 듣고 정확한 소리에 대한 데이터를 만들어 머릿속에 암기하고 저장시켜야 한다. 즉 정확한 발음을 스스로가 기억해 내려고 애써야 한다는 뜻이다. 노력여하에 따라 사투리 발음을 고치는 것은 물론 억양도 교정이 충분히 가능하다.

Tip! Tip!

남북한 언어의 차이

언어는 사고를 지배한다. 그만큼 언어는 생각뿐 만 아니라 사상과 관습, 문화를 지배한다. 언어의 사용방식인 방언(사투리)에 있어 남북한의 차이를 엿볼 수 있다. 언어학자들은 70년 분단으로 인해 남북이 사용하는 언어의 30% 정도가 차이점을 보인다고 밝힌 바 있다.

한국은 일제강점기를 거치면서 행정이나 법률 용어 등에는 아직도 일제 잔재가 남아있고, 산업화를 거치고 국제사회로 나아가면서 외래어 비중이 점차 증가했다. 반면 북한은 외래어와 한자어를 우리말로 바꿔 사용하면서 남과 북의 언어가 다르게 변했다.

예를 들어 '괜찮다'라는 우리말은 북한에서는 '일없다'라는 말로 표현되며 '도와주다'는 말은 '방조하다', '아이스크림'은 '얼음보숭이' '도넛'은 '가락지빵' '골키퍼'는 '문지기', '코치'는 '지도원' 등으로 표현한다.

이해와 소통의 기본이 되는 언어의 통일은 해결해야 할 과제이다.

발음이 부정확하고 말을 얼버무립니다

사람은 지성적 존재이므로 당연히 지성을 사용할 때 기쁨을 느낀다. 이런 의미에서 두뇌는 근육과 같은 성격을 갖는다. 두뇌를 사용할 때 우리는 기분이 매우 좋다. 이해한다는 것은 즐거운 일이다.

— 칼 세이건 Carl Sagan (미국 천문학자)

"앵커의 입 모양만 보고도 청각 장애인 시청자들이 너의 뉴스를 알아들어야 해" 신입 아나운서 시절 선배 아나운서들에게 종종 듣던 조언이다.

발음이 부정확한 이유는 대부분 입을 잘 움직이지 않는 경우가 흔하다. 입(입술과 치아)을 잘 움직이지 않으면 발음 가운데 모음의 음가가 현저히 떨어져 알아듣기 어렵다.

'ㅏ, ㅑ, ㅓ, ㅕ' 같은 모음은 입과 턱, 입술의 전체 근육을 움직이며 발음을 해야 하기 때문에 입을 크게 움직여주는 것이 중요하다.

발음이 정확한 사람들을 보면 '참 야무지다'라는 느낌이 드는데 자세히 살펴보면 입 모양을 정확히 하면서 입꼬리에 적당한 긴장과 약간의 힘을 주고 있다.

'ㅘ, ㅚ, ㅝ, ㅞ' 같은 이중모음은 두 개의 모음을 동시에 발음해야 하는 특성이 있기 때문에 입 모양도 두 개로 만들어야 한다. 평소 무표정해 표정근육이 자리를 잡지 못한 경우 발음이 부정확한 사례를 찾기 쉽다. 얼굴 근육의 유연함이 입을 벌리고 모으는데 영향을 끼치기 때문이다.

그렇다면 발음을 명료하게 하려면 어떻게 해야 할까? 사실 발음이 부정확한 이유는 각양각색이며, 그만큼 발음에 대한 해법도 여러 가지다.

먼저, 속도가 빨라 발음이 뭉개지는 경우다. 여러 사람 앞에서 유독 빠르게 휘몰아치며 말하게 되는 이유는 두 가지다. 극도의 긴장감으로 인해 심박수가 빨라졌거나, 호흡 자체가 짧기 때문이다.

따라서 이런 경우는, 말을 시작하기 전에 충분히 호흡을 가다듬는 것이 중요하다. 성급하게 말을 시작하는 것은 금물이다. 또한 말을 하는 중에도 틈틈이 포즈(pause)를 주며 여유 있게 이야기를 풀어나가야 한다. 포즈는 점점 빨라지는 현상을 방지해 주고, 더불어 심리적 안정감에도 도움을 준다. 포즈의 위치는 주어 뒤, 키워드 앞, 숫자 앞, 까다로운 발음 앞이 적당하다. 끊어읽기(/), 쉬기(v)등을 원고에 미리 표시해두도록 하자.

다음은, 'ㅅ'발음이 새는 경우이다. 'ㄷ'과 'ㅅ'의 발음을 비교해보면 'ㅅ'의 발음 원리를 보다 명확히 이해할 수 있다. 'ㄷ'발음은 치조에 닿아서 소리가 나고, 'ㅅ'은 경구개와 마찰하면서 소리가 난다. [다]와 [사]를 발음하며 차이를 가늠해본다면, '닿는 것'과 '마찰하는 것'의 차이를 가늠할 수 있을 것이다. 'ㅅ'발음이 샌다면, 혀가 치조에 '닿는 건 아닌지' 체크해보자. 혹시 혀가 이와 이 사이로 나오는 경우라면, 의도적으로 이와 이 사이를 띄우고, 혀를 안쪽으로 약간 잡아당기는 느낌으로 발음해볼 것을 권한다.

마지막으로 모음발음이 전체적으로 불명확한 경우다. 이런 경우는 입술의 움직임에 유의해야 한다. 입술의 움직임이 소극적이면 정확한 모음 음가를 내는 것이 어렵기 때문이다. '어'와 '아'모음이 마치 '오'처럼 발음된다면, 턱이 밑으로 더 벌어지도록 신경써야 한다.

발음에도 준비운동이 필요하다. 운동 전에 스트레칭을 하듯, 조음기관을 충분히 풀어주는 습관을 갖도록 하자. 빰을 풍선처럼 부풀려 5초간 유지한 뒤 가볍게 공기를 빼내보거나, '아, 에, 이, 오, 우' 입 모양을 최대한 크고 명료하게 만들면서 소리 내는 방법 등을 추천한다. 정확한 발음은 입 주변 근육을 유연하게 움직일 수 있을 때 가능해진다.

발표 시 주의할 표정과 동작

1. 얼굴 표정과 전달하는 내용이 일치하는가?

긴장하면 어딘지 모르게 표정이 어색해지는데 이를 바로 인식하고 자연스러운 표정을 짓도록 해야 한다. 어색하면 내용과 맞지 않게 오히려 웃는 사람, 위나 아래로 치켜뜨는 시선, 한 곳만 응시하는 시선, 나도 모르게 짓는 비웃는 표정 등을 유의해야 한다.

2. 공적인 주제를 다룰 때에는 대부분 경직되거나 무표정한 경향이 있음을 인식하고 이를 개선하다

발표에 빠져 표정을 의식하지 않으면 너무 진지한 나머지 심각하고 무거운 표정을 짓게 된다. 입술의 긴장감을 유지하며 살짝 당긴다.

3. 턱 근육을 사용해 다양한 얼굴 표정을 연구하고 연습하라. 얼굴 근육을 통해 유연한 움직임을 만들 수 있어야 한다.

턱 근육을 사용하지 않고 어금니를 꽉 물고 있으면 완고한 표정으로 보인다. 또 발음을 제대로 하지 않기 때문에 말을 얼버무리는 것처럼 들리거나 성의 없이 말하는 것처럼 들릴 수 있으니 적극적인 표정을 연습하자.

4. 사소한 움직임을 자제하라

몸을 좌우로 혹은 앞뒤로 흔들거나 서 있을 때 다리의 무게중심을 옮기며 제자리 걸음을 하는 것은 좋지 않다. 또 단추나 타이, 마이크를 만지작거리거나 머리카락을 자주 쓸어 넘기는 것도 산만해 보인다. 연단에 기대거나 팔꿈치를 올리고 턱을 괴는 자세도 보기에 좋지 않다.

굽어진 막대기에는 굽어진 그림자가 있다.

– 영국 속담

공적인 말하기에서 목소리의 느낌은 지대한 영향을 끼친다. 고양이와 호랑이는 생김새가 비슷한데 필자는 발성에 대해 강의할 때, 고양이와 호랑이의 예를 즐겨 들곤 한다.

고양이의 울음소리를 한번 떠올려 보자. "야아옹~" 하는 짧고 가벼운 속사포 울림이 생각날 것이다. 반면 호랑이의 울음은 묵직하고 깊은 울림이 있다. "어어어흥~~~~~" 하는 안정감 있는 낮은 톤으로 진중하게 울린다.

고양이의 '울음'이 입으로 말하는 데 그친다면, 호랑이의 '포효'는 입 안쪽 목구멍, 더 들어가 몸 안의 공기를 끌어 모아 내뱉기 때문에 묵직하게 '울리는' 것이다. 앞서 이야기한 흉식호흡과 복식호흡을 상기해 보면 조금 더 쉽게 이해할 수 있다.

유명인사나 정치인 중에서 목소리의 이미지 때문에 호감도가 떨어지고 말의 설득력을 뒷받침하지 못하는 사례를 종종 찾아볼 수 있다.

다른 사람의 목소리는 외이(外耳)를 통해서만 듣게 되지만 자신의 목소리는 인후로부터 밖으로 나와 공기를 진동시킨, 외이로부터 들려지는 음과 자신의 육체를 통해서 내이(內耳)로부터 들려지는 음의 두 가지를 합해서 듣게 되는데 발성이 나쁘면 힘이 들어가게 되므로 인후에 무리가 가해져 밖으로 나오는 소리는 작아지며 내이를 통해서 들리는 소리만 크게 되므로 자신의 소리가 크게 들리게 된다.

그러나 이와 반대로 좋은 발성이 되면 인후에 무리가 가지 않기 때문에 밖으로 나오는 목소리가 많아져서 자신의 목소리가 자신에게는 작게 들리게 된다.

명연주가들에 의해 오랜 세월 동안 잘 다듬어진 악기를 좋은 악기라 하는 것처럼 우리의 목소리도 같다. 발성과 톤은 본인의 노력 여하에 따라 얼마든지 개선될 수 있고 결국 내면의 깊이와 연륜이 목소리에 묻어나는 것이다.

먼저, 본인에게 알맞은 음성의 톤(Tone)을 찾아야한다. 공식석상에 서면 타인을 의식해 인위적인 톤의 목소리가 나올 수 있다. 스스로 편하고 알맞은 톤의 음성이 타인에게도 편하게 느껴지는 법이다. 몸에 힘을 뺀 상태에서 저음부터 고음 까지 중 본인의 목에 편한 음역 대를 찾아보자.

다음은 자신이 하고자 하는 말이 명확해야 한다, 어떤 것을 버려야 할지 골라낼 줄 알아야 한다. 욕심은 많은데 뜻대로 되지 않으면 불필요한 말을 덧붙인다면 오히려 말이 꼬이게 마련이다. 발표자는 말하고자 하는 바를 한 문장으로 간략하게 표현한 핵심메시지 (Key Message)를 준비해두자. 자신의 생각이 잘 정립되어 있는 사람일수록 말을 논리정연하게 배열할 줄 안다.

공적인 말하기에 자신이 없는 사람일수록 말의 속도가 빠르다. 아무리 천천히 말하려 해도 제어가 안 된다. 발표할 때 말이 빨라진다면 호흡을 제대로 하지 않는 경우이다. 들숨과 날숨의 정확하게 맞아 떨어져야 하는데 들숨은 제대로 하는데 날숨을 다 내뱉지 못하면 호흡이 꼬여 말의 속도가 빨라지는 것이다.

원고가 있는 발표일 경우도 마찬가지인데 포즈 없이 몰아붙이듯 말하는 것은 긴장하고 있다는 것을 드러내는 것이다. 문장의 길이를 짧게 하고 원고에 포즈를 꼭 체크해 여유 있게 말해야 한다.

자신의 약점이나 타인의 평가를 지나치게 의식하는 것도 자신감을 떨어뜨릴 수 있다. 발표를 시작하면 일단 모든 잡념을 내려놓고 발표에만 집중해야 한다. 특히 외운 것을 잊어버리기 전에 빨리 쏟아내려는 성급함도 청중과의 소통을 막는 장애물이다.

감정 강조법

· 부사와 형용사를 늘리는 강조

당신에게 가~장 소~중한 사람은 누구입니까?
당신은 마음이 참~ 예~쁜 사람입니다.

· 반복 강조 : 같은 단어를 여러 번 이야기한다.

눈이 웃고, 입이 웃고, 코도 웃고, 양 볼도 웃습니다.
더 열심히 말 걸고, 더 열심히 귀 기울이고, 더 열심히 사랑할 걸

· 도치 강조 : 문장 구성의 순서를 뒤바꾸어 이야기한다.

보고 싶습니다. 우리 어머니가.
이것만은 지켜야 합니다. 반드시

타고난 목소리도 바꿀 수 있을까요?

살아남는 것은 가장 강한 종이나 가장 똑똑한 종들이 아니라, 변화에 가장 잘 적응하는 종들이다.

– 다윈 Charles Darwin (영국 진화론 생물학자)

좋은 목소리는 타고 나는 음색 외에도 후천적인 발성에 의해 결정된다. 즉 목소리는 충분히 변할 수 있으며 신뢰감을 주는 음성을 만들 수 있다. 음성의 느낌은 다음과 같이 다양한 형태로 나타난다.

톤이 너무 높아 불안한 음성

고음을 습관적으로 사용할 경우 청중에게 쉽게 피로감을 줄 수 있다. 또

'흥분한다'는 느낌을 줄 수 있고 부자연스러운 느낌 때문에 진정성을 의심 받을 수 있다. 반면 자신감이 넘쳐 보일 수 있으나 볼륨(성량) 조절에 대한 감 각이 있어야 한다. 고저장단으로 음의 변화를 주면서 되도록 톤을 다운시켜 서 차분한 느낌을 주는 것이 좋다. 목소리 톤을 중음(미톤)이나 중저음의 톤 (자연스러운 톤)으로 바꾸어 말의 분위기에 변화를 주자.

저음으로 너무 낮게 깔리는 음성

화자가 기분이 좋지 않은 느낌을 주거나 권위적으로 들릴 수 있다. 말의 분위기는 심각하지만 말투는 강약없이 밋밋한 경우가 많다. 때문에 청중이 내용을 제대로 들으려면 집중해야만 하는 단점이 있다. 건조하고 융통성이 없다는 이미지를 주기도 한다. 좀 더 편안한 톤으로 분명하게 말하되 속도 감 있게 말하는 연습을 해야 한다.

쇳소리가 나고 허스키한 탁성

청중에게 거북함을 줄 수 있고 전달이 잘 되지 않는 대표적인 음성이다.

여기에 발음까지 부정확할 경우 이해에 지장을 초래할 수도 있다. 따라서 목에 무리를 주지 않는 선에서 최대한 정확하고 깔끔하게 말하는 훈련이 필요하다. 목에 무리를 줄 경우 점점 더 거친 소리가 나기 때문에 내용이 어떻든 청중은 불편해지기 마련이다. 입안의 공간을 많이 확보해 공명과 발음을 풍성하게 하고 간결하고 정확하게 말한다면 허스키 보이스도 매력적으로 들릴 수 있다.

신뢰감을 떨어뜨리는 가성이나 아성

발성훈련을 통한 목소리는 속이 꽉 찬 진성으로 들린다. 하지만 발성이 약하면 허공에 뜨는 유약한 가성이나 어린 목소리의 아성이 된다.

목소리의 색깔인 음색을 드러내기 보다 공명감 즉 음성의 울림에 집중하면서 호흡의 여유를 통해 안정적인 음성을 내보자. 대체로 가성이나 아성을 사용하는 경우는 말의 속도도 빠르기 마련이다. 내가 낼 수 있는 굵음 음성으로 평소 말의 속도보다 1.5배 느리게 브레이크를 밟아가며 침착하게 준비한 스피치를 진행하자.

너무 작고 약한 목소리

공적인 말하기에서 목소리가 너무 작으면 답답한 느낌을 주게 되고 우물우물 하게 되어 청중은 어떤 말을 하는지 잘 알아듣지 못한다.

처음부터 성량을 크게 하면 발성이 아닌 목소리의 힘으로 톤은 높이기 십상이니 뱃심으로 점점 크게 말하면서 성량을 키워나가길 권한다. 마치 무대 위에서 노래하는 성악가처럼 두 다리를 안정감 있게 지탱하고 소리를 멀리 보내는 느낌으로 포물선을 그리며 소리를 뱉어 보자.

키워드(핵심단어) 강조법

예시 문장을 직접 소리 내어 읽어보며 키워드 강조법을 자세히 알아보자.

· 높임 강조와 낮춤 강조 : 강조하고 싶은 단어는 한 톤을 높이거나 낮춘다.

^남들은 _{외면}하지만 ^나는 매일 <u>진심</u>으로 말한다.
(높임)　(낮춤)　　(높임)　　　(높임)

· 멈춤 강조 : 강조하고 싶은 단어 직전에 반 포즈를 둔다.

남들은 외면하지만 ∨ 나는 매일 ∨ 진심으로 말한다.
　　　　　(멈춤)　　　　(멈춤)

· 느림 강조 : 강조할 단어를 천천히 끌면서 말한다.

남들은 외면하지만 나는 매 – 일 진심으로 말한다.
　　　　　　　　　(느림)

^남들은 _{외면}하지만, ∨ ^나는 매 – 일 ∨ 진심으로 말한다.
(높임)　(낮춤)　　　(멈춤)(높임) (느림) (멈춤)

마틴 루터 킹 목사의 워싱턴 대행진 연설 'I Have a Dream(나에게는 꿈이 있습니다)'로 긴 문장을
따라 읽어보자.

저에게는 ^꿈(높임)이 있습니다. 모든 인간은 / 평등(멈춤)하게 태어났다는 진리를 / 우리 모 – 두
(느림)가 진실로 받아들이는 날이 오리라는 꿈입니다.
저에게는 꿈(낮춤)이 있습니다. 저의 네 자식들이 /피부색(멈춤)이 아니라 / 인격(멈춤)에 따라
평가받는 나라에서 살게 되는 날이/ 언 – 젠 – 가(느림) 오리라는 꿈입니다.

준비는 많이 하는데 실전에 약합니다

자기 세계를 인정받기 위해서는 피나는 연습을 해야 한다. 하루를 연습하지 않으면 저 자신이 알고, 이틀을 연습하지 않으면 친구가 알고, 사흘을 연습하지 않으면 관객이 안다.

– 루빈스타인 Artur Rubinstein (미국 피아니스트)

리허설(rehearsal)은 완벽했는데, 막상 청중 앞에서 발표하다보면 무언가 전달이 잘 안 되고 있다는 생각이 들 때가 있다. 원고도 완벽히 숙지했고, 자료도 부족함이 없고, 발표자의 컨디션도 최고인데 무엇이 문제였을까?

바로 청중에 대한 정보가 부족해서이다. 공적인 말하기는 발표자와 내용, 청중의 3박자가 잘 맞아야 매끄럽게 진행될 수 있다. 그렇기에 발표자는 반드시 청중의 인원수, 연령, 성별, 학력, 특성 등을 세세히 파악해야 한다.

먼저 청중의 인원수에 따라 발표자는 각기 다른 피드백을 느끼게 된다. 청중이 소수라면 개별적으로 눈빛과 의견을 교환하기 수월하고 청중의 감정 변화도 쉽게 파악할 수 있다.

반면 청중의 규모가 커지면 발표자와 청중의 거리가 멀기 때문에 피드백을 받기 곤란해진다. 피드백이 적을수록 발표자는 자신이 준비한 내용만 전달하는 데 그쳐 예상 시간보다 빨리 끝날 수도 있다는 점을 생각하고, 내용을 넉넉히 준비해야 한다.

다음은 청중의 나이이다. 청중의 나이가 발표자보다 아래이거나 비슷하면 말의 속도를 조금 빠르게 하고, 동질감을 불러일으킬 만한 표현이나 단어를 통해 호응을 이끌어 낼 수 있다. 여기서 반드시 기억해야 할 점은, 나이가 한참 어린 청중 앞이라도 항상 존칭을 사용해야 한다는 점이다.
나이가 많은 청중이라면, 말의 속도를 느리게 하고 정확한 발음과 경어에 더욱 신경을 쓰도록 해야 한다.

청중의 성별과 학력도 중요하다. 남성 청중이 대부분인데 여성들 사이에 유행하는 트렌드와 쇼핑을 예로 든다거나, 여성 청중이 대부분인데 군대 에피소드를 꺼낸다면 공감대를 형성하기 어렵다.

또한 외국어나 전문 용어를 사용할 때는 청중이 알아듣기 쉬운 말로 바꾸거나 부연설명을 덧붙이는 것이 좋다. 그렇지 않으면 발표자가 잘난 척하는 것으로 보이기 때문에 주의하도록 한다.

보통 공적인 말하기는 시간이 정해져 있기 마련이라 시간을 잘 지키는 것도 프로의 스킬이다. 30분이면 30분, 1시간이면 1시간 정확하게 맞추어야 한다. '시간이 모자라면 조금 더 써도 되겠지.'라는 생각으로 준비했다가는 정작 가장 중요한 결론을 맺지 못한 채 끝내야 할 수도 있다.

시간이 촉박해지면 마음이 다급해져서 "시간이 모자라서 이만 줄이겠습니다." 등으로 청중의 마음까지 조급하게 만드는 발표자는 시간 조절뿐 아니라 내용 전달에도 실패한 것이다. 급하게 끝내더라도 꼭 전달하고자 했던 내용은 잘 마무리해야 한다.

또한 끝낼 때는 정확하고 깔끔하게 해야 한다. "마지막으로"를 남발하며 마무리를 질질 끄는 경우도 있는데, 정말로 끝일 때만 이 표현을 사용하도록 한다.

Shadowing 훈련법

일기예보나 뉴스 등을 듣고 한 박자 늦게 따라서 말을 하는 훈련법이다. 공적인 말하기에서 말이 너무 늦거나 빠른 사람에게 요긴한 방법인데 듣기와 말하기의 순발력을 키워 줌으로서 한국어뿐만 아니라 외국어 학습에도 유용한 방법이다.

특정 아나운서나 유명인 등 자신의 말하기 롤모델이 있다면 방송을 모니터링 하며 듣고 따라 하는 방법도 공적인 말하기의 노하우를 터득하는데 도움이 된다.

상황 대처가 안 되고 머릿속이 백지가 됩니다

악마에 대한 두려움은 신을 의심하는 한 가지 방법이다.

– 칼릴 지브란 Kahlil Gibran (작가)

발표불안은 누구에게나 있으며 지극히 자연스러운 현상이다. 누구나 평가받는 자리 혹은 주목받는 자리는 늘 떨린다. 하고 싶은 말을 떠드는 자리가 아니라 꼭 해야 할 말을 전달해야 하는 자리이기 때문이다. '나는 왜 이럴까? 다른 사람들은 침착하게 발표를 잘하는데' 하며 스스로를 자책할 필요는 없다.

프로와 아마추어는 불안감을 극복하는 방법을 알고 있는가의 차이이다.

프로는 불안 자체를 당연한 것으로 받아들이고 적절한 긴장을 즐기며 불안에 집중하지 않으려 한다.

평소 친구들이나 가족들 앞에서 말을 할 때는 아무렇지도 않는데 많은 사람들 앞에서 발표를 해야 한다거나 모임에서 갑자기 주목을 받아 말을 하려고 하면 머리가 새하얗게 변하고 예상치도 못했던 발언이 두서없이 튀어나가는 상황을 겪어 봤을 것이다. 머릿속이 백지가 되는 것은 생각이 없어서가 아니라 오히려 생각이 너무 많아서이다. 무슨 말을 해야 할지 머릿속 생각이 우선순위 없이 정리되지 않았기 때문이다.

특히 원고가 외워지질 않고 외운 내용도 자꾸 잊어버리는 현상은 발표불안의 전형이다. 발표불안을 극복할 수 있는 방법은 생각을 정리해 간단한 메모로 정리해 보는 것이다.

공적인 말하기를 잘하는 사람은 머릿속에 스피치의 전체 내용이 키워드를 중심으로 맥락이 잘 정리되어 있다. 대본을 달달 외우는 것이 아니라 생각의 지도를 만든다. 멘트 위주가 아닌 논리구조를 그려서 기억한다. 원고를 못 외우거나 외워도 금방 잊어버리는 경우는 머릿속에 해야 할 말이 문장으로 두서없이 나열되어 있기 때문이다.

발표를 잘하려면 원고를 잘 만들어야 한다. 이 때 원고는 문장의 형태나 세세한 표현에 신경 쓰지 말고 논리의 골격이 한 눈에 들어오도록 선명하고 굵직해야 한다. 논리가 없으면 두서없이 말하게 될 확률이 높다. 생각을 정리하지 못하기 때문에 불필요한 말을 반복해서 나열하게 되고 정작 필요한 말은 누락 될 수도 있다.

이렇게 대본을 만들어 달달달 외웠는데 만일 중간에 하나의 단어라도 틀리게 되면 도미노처럼 뒤따라 나올 내용을 다 잊어버리게 된다. 원고를 외울 때에는 토씨까지 하나하나 외우는 게 아니라 골격과 흐름을 숙지하는 것이다.

골격을 외우면 만약 발표 중에 단어가 기억나지 않더라도 다시 흐름을 잡고 말할 수 있다. 단어는 기억하기가 어렵지만 논리구조는 이미지로 저장되어 있기 때문이다. 논리구조를 그리면서 원고를 숙지하는 훈련을 하면 이해력과 기억력 또한 점차 향상되고 자신감 있는 발표를 하게 될 것이다.

나만의 언어습관을 고치는 법

사람은 누구나 개인만의 언어습관이 있다. 말버릇처럼 잘 쓰는 어휘나 문장, 말꼬리를 반복적으로 끌거나 흐리는 것도 습관이다.

방송인 김구리씨는 '사실은 말이죠…' 라는 표현을 자주 쓰고 서장훈씨는 '그게 아니라…'로 말문을 여는가 하면 박지성 선수는 축구 해설을 하며 "∼했기 때문에, 그렇기 때문에"로 문장을 끊지 않고 이어 말하는 습관이 있다. 김대중 전 대통령도 "에…, 말하자면…'을 수시로 사용했고 노무현 대통령은 "∼했습니다. 했고요"로 말을 맺는 습관이 있었다.

"어떤 그…" "인제 그게…" "마… 소위…"처럼 무의미한 반복적인 언어습관은 부정적인 요소로 작용하기도 한다. 따라서 자신의 언어습관에 귀를 기울여 말이 막히면 자주 튀어 나오는 표현이 무엇인지 살펴본다. 불필요한 소리를 내는 것 보다는 차라리 다음 말을 할 때까지 침묵하는 것이 낫다.

말을 하면서 다음 할 말을 생각하는 능력은 훈련으로 충분히 가능하다. 누구나 시행착오를 겪으며 발전하는 것이다.

```
EPILOGUE
```

~~~~~~~~~~~~~~~~~~~~~~~~~~~~~~~~

'말하기'란 '요리'와 비슷하다.

우선 신선하고 좋은 재료가 필요하고 다음은 요리사의 실력이 음식의 맛을 좌우한다. 확실한 콘텐츠와 적절한 사례가 말하기의 재료라면 내용의 이해를 돕고 주제를 분명히 하는 표현력은 말하는 이의 자질에 달렸다고 할 수 있다.

말에 있어 키워드는 주재료이고 수식어는 감미료이다. 감미료를 전혀 넣지 않으면 말의 맛이 없고, 또 너무 많이 넣으면 주재료의 맛을 잃게 된다. 사람의 입맛도 제각각이라 누구나 인정하는 맛을 내기는 더 어렵다. 상대의 공감을 끌어내야 하는 적절한 말하기가 어려운 이유이다.

공적인 말하기의 범위는 방송 출연은 물론 정책 발표를 위한 미디어 브

~~~~~~~~~~~~~~~~~~~~~~~~~~~~~~~~

리핑과 인터뷰, 직원들과 소통해야 하는 리더의 스피치, 청중의 귀와 시선을 사로잡아야 하는 발표자의 스피치, 프레젠테이션을 통해 고객을 설득해야 하는 비즈니스 스피치, 선거 토론, 연설, 면접 등 다양하다.

공적인 말하기에서 가장 바람직한 모습은 '가장 자연스러운 모습'일 것이다. 긴장하지 않고 자연스러운 모습을 보여주기 위해서는 철저한 준비와 함께 때와 장소에 맞는 말의 유연성, 전달력을 높이는 표현력을 길러야한다. 또 실전에서 잘 조절해 말할 수 있는 순발력이 필요하다.

결론부터 말하라.
간결하고 분명하게 말하라.
제대로 준비하고 말하라.
흥미로운 오프닝으로 시작해 감동적인 마무리로 끝내라.

잘난 척 하지 말고 겸손하게 준비된 실력을 보여라.

예의 없는 말이나 품격 없는 어휘는 자체 검열하라.

직급이 올라갈수록, 이름이 알려질수록 대중들 앞에 서야 할 일은 많아진다. 아무리 내성적인 사람도 피해갈 수 없다. 그러나 공적인 자리에 자주 설수록 불안감은 줄어들고 자신감이 그 자리를 채운다. 실수나 위기 역시 발표의 일부분이라 생각하자. 무슨 말을 하려고 이 얘기를 꺼냈는지 기억 나지 않을 때도 있고, 기자나 청중의 질문에 시원스럽게 답변하지 못할 때도 있을 것이다. 그것들이 부담스럽다고 피하기만 하면 자신의 능력을 보여 줄 기회와 경험을 쌓을 기회를 스스로 포기하는 것이다.

공적인 말하기 능력은 타고 나는 것이 아니라 반드시 훈련이 필요하다.

공적인 말하기 자리에 나설 마음의 준비가 되었는가?

앞치마를 두르고, 재료부터 다듬고, 기본에 충실한 레시피를 참고해 연습에 연습을 거듭해보자. 청중의 마음을 움직이는 성공적인 말하기의 멋진 주인공이 될 수 있을 것이다.

MEDIA SPEECH MAKING